黄玉峰　王召强 ○ 主编

李建生 ○ 编著

孟子20讲

U0781271

上海科学技术文献出版社

Shanghai Scientific and Technological Literature Press

图书在版编目（CIP）数据

孟子 20 讲 / 李建生编著 . —上海：上海科学技术文献出版社，2021
　（中学生整本读经典丛书）
ISBN 978-7-5439-8362-5

Ⅰ．①孟… Ⅱ．①李… Ⅲ．①儒家②《孟子》—青少年读物 Ⅳ．① B222.5-49

中国版本图书馆 CIP 数据核字（2021）第 135480 号

选题策划：张　树
责任编辑：苏密娅　张雪儿
封面设计：留白文化

孟子 20 讲
MENGZI 20 JIANG
黄玉峰　王召强　主编 李建生　编著
出版发行：上海科学技术文献出版社
地　　址：上海市长乐路 746 号
邮政编码：200040
经　　销：全国新华书店
印　　刷：常熟市人民印刷有限公司
开　　本：720mm×1000mm　1/16
印　　张：15
字　　数：236 000
版　　次：2021 年 8 月第 1 版　2021 年 8 月第 1 次印刷
书　　号：ISBN 978-7-5439-8362-5
定　　价：68.00 元
http://www.sstlp.com

目录 ▶▶

前言

在先秦儒家经典中,《孟子》应该算得上是思想深邃而文字障碍比较少的一部读物。正因为如此,《普通高中语文课程标准》(2017 版 2020 年修订)把《孟子》列为"文化经典著作"类学生课外阅读重点推荐书目。

《孟子》一书的思想内容,涉及政治、哲学、教育和文艺等几个方面。《孟子》的政治思想中,民本思想是其核心,仁政学说是其政治纲领,王道是他的政治理想;哲学思想中,性善论是其道德哲学的核心内容,天命论又构建起了本书历史观的思想体系;孟子也是一位成绩斐然的教育家,《孟子》一书阐述了教育的目的和作用、如何实施道德教育、学习的原则和方法,以及环境在教育中的作用和教育者以身作则的重要性;孟子的文艺思想主要集中于他对音乐的评论、对《诗经》的阐释、对作家自身修养和文学社会作用等问题的阐发。

同时,相对于言简意深难以理解的《论语》,《孟子》的文字障碍相对较少,但又不失为历代散文写作的楷模。作为论辩体散文,《孟子》气势磅礴、言辞雄辩,极富感染力;善于巧用比喻,用形象生动的语言说理叙述。此外,语言通俗,感情充沛,风格多样,以及综合运用各种表达技巧,都是孟子散文的鲜明特色。阅读《孟子》这些带有较强论辩性质的对话体散文,在体悟《孟子》塑造的中华民族人格精神的同时感受《孟子》的雄辩辞风,对于理性思维正在逐渐形成的中学生来说,是一件极为重要的事。

本书对于《孟子》的理解与学习,没有按照原书篇目先后顺序逐篇诵读的传统方式,而是采用主题梳理和比较阅读相结合、重点精读和拓展阅读相补充的方法,可以叫作"类解""类读"的方式。对于《孟子》全书七篇十四卷,笔者梳理出了"义利之辨""志存高远""以仁存心""浩然正气""中庸之道""为官之道""交友之道""尽心知性""不可无耻""以民为本""王道仁政""知人者智""纳贤采言""经济思想""论兵外交""评鉴圣贤""治学有术""教亦多术""好辩善言""亚圣品格"等20个主题（讲），每一讲下从《孟子》中精选出两篇内容结构相对完整、能体现《孟子》论辩特色的选文。选文前有"导读"，力求以最简洁的文字阐释对该主题的理解，或通过简要对读比较两篇选文的核心要义。选文后又有"语言积累"，引导学生积累两篇文章中的重要实词和虚词；有"梳理领悟"，强调对两篇选文的内容梳理与理解；有"评析鉴赏"，意在促进对选文说理方法、语言特点、结构体式的赏析与探究；有"探究表达"，或引导学生结合生活实际谈对选文的理解，或创设情境给出提示，然后进行主题文章的写作，力求对本专题有新的深入的思考；最后是"拓展阅读"，从《孟子》中选出与本讲内容相关的其他章节，以补充孟子对这一思想的阐发。

为更好地呈现本书的选文框架，兹将各讲"原文精读"（类读、对读）和"拓展阅读"选文篇目列表如下①：

讲	原文精读	拓展阅读
1. 义利之辨	选文1：孟子见梁惠王（1·1） 选文2：鱼我所欲也（11·10）	"是故明君制民之产"（1·7） "易其田畴，薄其税敛"（13·23） "为人臣者怀利以事其君"（12·4） "鸡鸣而起，孳孳为善者"（13·25） "不见诸侯，宜若小然"（6·1）
2. 志存高远	选文1：生于忧患，死于安乐（12·15） 选文2：妾妇之道与大丈夫之道（6·2）	"士何事"（13·33） "子好游乎"（13·9） "人皆有所不忍"（14·31） "稽大不理于口"（14·19） "古之贤王好善而忘势"（13·8）
3. 以仁存心	选文1：仁者爱人（8·28） 选文2：君子之乐（13·20、13·21）	"仁则荣，不仁则辱"（3·4） "先名实者，为人也"（12·6） "子路，人告之以有过，则喜"（3·8） "燕人畔"（4·9） "君子之于物也，爱之而弗仁"（13·45） "不违农时，谷不可胜食也"（1·3）

---

① 括号中间隔号前一个数字为《孟子》卷数，后一数字为各卷中的章数。其中有的篇目选文出自同一章，但由于节选内容相异，所以标题也不同。"原文精读"中选文标题有的采用传统取自章首句的方法，大部分则自拟标题，以体现对选文内容的概括。

续表

讲	原文精读	拓展阅读
4. 浩然正气	选文1：不动心而养勇(3·2) 选文2：我善养吾浩然之气(3·2)	"牛山之木尝美矣"(11·8)
		"何谓知言"(3·2)
		"伯夷、伊尹何如"(3·2)
5. 中庸之道	选文1：隘与不恭，君子不由也(3·9) 选文2：孟子论乡愿之徒(14·37)	"仲尼不为已甚者"(8·10)
		"杨子取为我"(13·26)
		"于不可已而已者"(13·44)
		"中也养不中"(8·7)
		"可以取，可以无取，取伤廉"(8·23)
6. 为官之道	选文1：君子由其道而仕(6·3) 选文2：孟子责平陆大夫(4·4)	"仕非为贫也"(10·5)
		"子之辞灵丘而请士师"(4·5)
		"君之视臣如手足"(8·3)
		"有天爵者，有人爵者"(11·16)
		"鲁欲使慎子为将军"(12·8)
7. 交友之道	选文1：友其德也(10·3) 选文2：知人论世(10·8)	"君子之厄于陈蔡之间"(14·18)
		"逢蒙学射于羿"(8·24)
		"居下位而不获于上"(7·12)
		"匡章，通国皆称不孝焉"(8·30)
		"敢问交际何心也"(10·4)
8. 尽心知性	选文1：性可以为善(11·6) 选文2：立乎心之大体(11·15)	"尽其心者，知其性也"(13·1)
		"口之于味也"(11·7)
		"性犹杞柳也"(11·1)
		"性犹湍水也"(11·2)
		"生之谓性"(11·3)
		"食色，性也"(11·4)
9. 不可无耻	选文1：人不可以无耻(13·6、13·7) 选文2：齐人有一妻一妾(8·33)	"位卑而言高，罪也"(10·5)
		"人皆有不忍人之心"(3·6)
		"古之君子何如则仕"(12·14)
		"交邻国有道乎"(2·3)
		"晋国，天下莫强焉"(1·5)

讲	原文精读	拓展阅读
10. 以民为本	选文1:得其民者得天下(7·9) 选文2:与民同乐(2·1)	"民为贵,社稷次之,君为轻"(14·14) "寡人愿安承教"(1·4) "伯夷辟纣"(13·22) "文王之囿方七十里"(2·2) "齐宣王见孟子于雪官"(2·4)
11. 王道仁政	选文1:仁心足以王——"齐桓晋文之事"之一(1·7) 选文2:不为非不能——"齐桓晋文之事"之二(1·7)	"齐桓晋文之事"之三(1·7) "晋国,天下莫强焉"(1·5) "伯夷辟纣"(7·13) "人皆谓我毁明堂"(2·5) "天下有道"(7·7)
12. 知人者智	选文1:良善存乎眸子(7·15) 选文1:匡章设心以待父(8·30)	"尧、舜,性之也"(13·30) "好名之人能让千乘之国"(14·11) "人之于身也,兼所爱"(11·14) "或谓孔子于卫主痈疽"(9·8) "言近而指远者,善言也"(14·32)
13. 纳贤采言	选文1:何以识其不才而舍之(2·7) 选文2:好善优于天下(12·13)	"知者无不知也,当务之为急"(13·46) "为政不难"(7·6) "有事君人者"(13·19) "乐正子何人也"(14·25) "为巨室,则必使工师求大木"(2·9) "子欲子之王之善与"(6·6)
14. 经济思想	选文1:寡人之于国也(1·3) 选文2:民事不可缓也(5·3)	"有布缕之征,粟米之征"(14·27) "夫物之不齐,物之情也"(5·4) "什一,去关市之征"(6·8) "吾欲二十而取一"(12·10) "使毕战问井地"(5·3)
15. 论兵外交	选文1:得道多助,失道寡助(4·1) 选文2:交邻国有道(2·3)	"春秋无义战"(14·2) "求也为季氏宰"(7·14) "齐人伐燕,胜之"(2·10) "齐人伐燕,取之"(2·11) "燕可伐与"(4·8)

续表

讲	原文精读	拓展阅读
16. 评鉴圣贤	选文1:舜五十而慕父母(9·1) 选文2:伊尹以斯道觉斯民(9·7)	"予不狃于不顺"(13·31) "百里奚自鬻于秦养牲者五羊之皮"(9·9) "象日以杀舜为事"(9·3) "至于禹而德衰"(9·6) "伯夷,目不视恶色,耳不听恶声"(10·1)
17. 治学有术	选文1:仲尼亟称于水(8·18) 选文2:无或乎王之不智(11·9)	"仁,人心也;义,人路也"(11·11) "天下之言性也"(8·26) "尽信《书》,则不如无《书》"(14·3) "君子深造之以道"(8·14) "高子曰:《小弁》,小人之诗也"(12·3)
18. 教亦多术	选文1:道则高矣,美矣(13·41) 选文2:逢蒙学射于羿(8·24)	"羿之教人射,必志于彀"(11·20) "君子之所以教者五"(13·40) "君子之不教子"(7·18) "滕更之在门也"(13·43) "乐正子从于子敖之齐"(7·24)
19. 好辩善言	选文1:劳心者治人(5·4) 选文2:墨者夷之见孟子(5·5)	"逃墨必归于杨"(14·26) "陈相见孟子"(5·4) "吾闻用夏变夷者"(5·4) "齐宣王欲短丧"(13·39) "外人皆称夫子好辩"(6·9)
20. 亚圣品格	选文1:行止非人所能(2·16) 选文2:君子之德风也(5·2)	"君子之泽五世而斩"(8·22) "孟子为卿于齐"(4·6) "孟子自齐葬于鲁"(4·7) "孟子致为臣而归"(4·10) "孟子去齐"(4·12)

　　我们希望这种阅读与学习的方式能"牵一发而动全身",即通过对同一专题两篇选文的精读、对读引发对《孟子》全书的整体理解,这也是"整本书阅读"的题中应有之义。但愿这种"类解"和"对读"的方式对同学们学习理解文化经典著作有所裨益。

李建生于辛丑年仲春

第一讲　义利之辨

学习目标

1. 熟悉孟子关于"义""利"的阐述,了解孟子义利观的主要内涵。
2. 辨析"义""利"二者的关系,认识孟子的义利观于当下社会的现实意义。

导读提示

　　孔子曾在《论语·里仁》中说"君子喻于义,小人喻于利",这一观点为儒家的义利思想奠定了深厚的基础,并在后世不断被发扬光大。孟子继承并发扬了孔子的义利思想,并在此基础上又有发展。他强调"重义轻利"的思想,崇尚"义",提出"舍生取义"的取舍之道,强调"义"是人应追求的目标,强调"何必曰利,亦有仁义而已矣"。精读《孟子》一书中关于"义利"见解的篇章,很容易得出以上结论,然而从《孟子》全书出发,我们是否又能发现孟子对于"义利"关系更深入的认识呢? 比如他是截然反对"利",还是强调先利后义、以利说义、先义后利呢? 拓展阅读《孟子》其他相关篇章,或许你能得出更全面的结论。

原文精读

选文1:孟子见梁惠王

　　孟子见梁惠王①。王曰:"叟! 不远千里而来,亦将有以利吾国乎?"

　　孟子对曰:"王! 何必曰利? 亦有仁义而已矣②。王曰,'何以利吾国?'大夫曰,'何以利吾家?'士庶人曰,'何以利吾身?'上下交征利而国危矣③。万乘之国,弑其君者,必千乘之家;千乘之国,弑其君者,必百乘之家④。万取千焉,千取百焉,不为不多矣。苟为后义而先利,不夺不餍。未有仁而遗其亲者也,未有义而后其君者也。王亦曰仁义而已矣,何必曰利?"

(选自《孟子·梁惠王上》)

▶ 注释

①梁惠王:就是魏惠王(前400—前319),惠是他的谥号。即位后由旧都安邑(今山西夏县北)迁都大梁(今河南开封西北),所以又叫梁惠王。②亦:只。③征:取。④万乘(shèng)、千乘、百乘:古代用四匹马拉的一辆兵车叫一乘,国家的大小以兵车的多少来衡量。家:指拥有封邑的公卿大夫。

▶ 译文

孟子拜见梁惠王。梁惠王说:"老先生,你不远千里而来,一定是有什么对我的国家有利的高见吧?"

孟子回答说:"大王!何必说利呢?只要说仁义就行了。大王说:'怎样对我的国家有利?'大夫说:'怎样对我的封地有利?'一般士人和老百姓说:'怎样对我自己有利?'结果是上上下下互相争夺利益,国家就危险了啊!在一个拥有一万辆兵车的国家里,杀害它国君的人,一定是拥有一千辆兵车的大夫;在一个拥有一千辆兵车的国家里,杀害它国君的人,一定是拥有一百辆兵车的大夫。这些大夫在一万辆兵车的国家中就有一千辆,在一千辆兵车的国家中就有一百辆,他们拥有的不算不多。可是,如果把义放在后而把利摆在前,他们不夺得国君的地位是永远不会满足的。反过来说,从来没有讲'仁'却抛弃父母的人,从来也没有讲'义'却不顾君王的人。所以,大王只说仁义就行了,何必说利呢?"

选文2:鱼我所欲也

孟子曰:"鱼,我所欲也,熊掌亦我所欲也;二者不可得兼,舍鱼而取熊掌者也。生亦我所欲也,义亦我所欲也;二者不可得兼,舍生而取义者也。生亦我所欲,所欲有甚于生者,故不为苟得也;死亦我所恶,所恶有甚于死者,故患有所不辟也。如使人之所欲莫甚于生,则凡可以得生者,何不用也? 使人之所恶莫甚于死者,则凡可以辟患者,何不为也? 由是则生而有不用也,由是则可以辟患而有不为也,是故所欲有甚于生者,所恶有甚于死者。非独贤者有是心也,人皆有之,贤者能勿丧耳。一箪食①,一豆羹②,得之则生,弗得则死,嘑尔而与之③,行道之人弗受;蹴尔而与之④,乞人不屑也。万钟则不辩礼义而受之。万钟于我何加焉? 为宫室之美、妻妾之奉、所识穷乏者得我与⑤? 乡为身死而不受,今为宫室之美为之;乡为身死而不受,今为妻妾之奉为之;乡为身死而不受,今为所识穷乏者得我而为之,是亦不可以已乎? 此之谓失其本心。"

(选自《孟子·告子上》)

▶ 注释

①箪:盛饭的竹筐。②豆:盛羹的器具。③嘑:同"呼"。④蹴(cù):以脚践踏。⑤得:通"德",这里指以……为德,即感激的意思。

▶ 译文

孟子说:"鱼是我喜欢吃的,熊掌也是我喜欢吃的;如果不能两样都吃,我就舍弃鱼而吃熊掌。生命是我想拥有的,正义也是我想拥有的;如果不能两样都拥有,我就舍弃生命而坚持正义。生命是我想拥有的,但是还有比生命更让我想拥有的,所以我不愿意苟且偷生;死亡是我厌恶的,但是还有比死亡更使我厌恶的,所以我不愿意因为厌恶死亡而逃避某些祸患。如果人想拥有的没有超过生命的,那么,只要可以活命,什么事情干不出来呢? 如果人厌恶的没有超过死亡的,那么,只要可以逃避死亡的祸患,什么事情干不出来呢? 但也有些人,照此做就可以拥有生命,却不照此做;照此做就可以逃避死亡的祸患,却不照此做。由此可知,的确有比生命更让人想拥有的东西,也的确有比死亡更使人厌恶的东西。这种心不只是贤人才有,而是人人都有,只不过贤人能够不丢失它罢了。一筐饭,一碗羹,吃了便可以活下去,不吃就要饿死。如果吆喝着给人吃,过路的人就算饿着肚子也不会接受;如果用脚踩踏后再给人吃,就是乞丐也不屑于接受。可是现在,万钟的俸禄却有人不问合乎礼义与否就接受了。万钟的俸禄对我有什么好处呢？为了住宅的华丽、妻妾的奉养以及我所认识的穷苦人感激我吗？过去宁可死亡都不接受的，现在却为了住宅的华丽而接受了；过去宁可死亡都不接受的，现在却为了妻妾的奉养而接受了；过去宁可死亡都不接受的，现在却为了我所认识的穷苦人感激我而接受了。这些不可以停止吗？这种做法叫作丧失了本心。"

语言积累

1. 解释下列加点实词的意思。

（1）不远千里而来（　　　　）　　　　（2）未有义而后其君者也（　　　　　　　）

（3）二者不可得兼（　　　　）　　　　（4）非独贤者有是心也（　　　　　　　）

2. 解释下列加点虚词的用法和意义。

（1）亦将有以利吾国乎（　　　　）　　　（2）千取百焉（　　　　　　　）

（3）舍生而取义者也（　　　　）　　　　（4）所欲有甚于生者（　　　　　　　）

梳理领悟

1.《孟子见梁惠王》中孟子认为当时社会动荡混乱的根本原因是什么？解决的途径是什么？

2. 简要概述《鱼我所欲也》中孟子的思想主张。

3. 两篇文章在阐述"义""利"关系时有何相同的主张？

评析鉴赏

1.《孟子见梁惠王》中孟子在回答梁惠王时为何反复说"何必曰利"？

2. 从论证方法的角度赏析《鱼我所欲也》"如使人之所欲莫甚于生，则凡可以得生者，何不用也？使人之所恶莫甚于死者，则凡可以辟患者，何不为也"的表达效果。

3.《鱼我所欲也》提出论点以后又是怎样围绕论点逐层论述的？请加以分析。

探究表达

1. 孟子提倡的"舍生取义"曾经造就了一大批仁人志士，而现在的学校教育则强

调我们中小学生要"珍爱生命",教育部新修改的《中学生日常行为规范》就删掉了"见义勇为,敢于斗争"的字样。对此,你是怎样看的?请写一篇300—500字的短文发表你的意见。

2. 孔子说"君子喻于义,小人喻于利",意思是君子看重的是道义,小人看重的是利益。将这句话用于衡量小人与君子,不无道理;但现实生活中,君子是否一点利都不讲,小人是否都背信弃义?请谈谈你的思考,写一篇不少于800字的作文。

1

是故明君制民之产,必使仰足以事父母,俯足以畜妻子,乐岁终身饱,凶年免于死亡;然后驱而之善,故民之从之也轻。今也制民之产,仰不足以事父母,俯不足以畜妻子;乐岁终身苦,凶年不免于死亡。此惟救死而恐不赡,奚暇治礼义哉?

(选自《孟子·梁惠王上》)

▶译文

所以英明的君主规定老百姓的产业,一定使他们上能赡养父母,下能养活妻子儿女;年成好时能丰衣足食,年成不好也不至于饿死或逃亡。这样之后再督促他们做好事。所以老百姓跟随国君就容易了。如今,君主规定人民的产业,上不能赡养父母,下不能养活妻子儿女,好年景也总是生活在困苦之中,坏年景免不了要饿死和逃亡。这样,只把自己从死亡中救出来,恐怕还不够,哪里还顾得上讲求礼义呢?

2

易其田畴,薄其税敛,民可使富也。食之以时,用之以礼,财不可胜用也。民非水火不生活,昏暮叩人之门户求水火,无弗与者,至足矣。圣人治天下,使有菽粟如水火。菽粟如水火,而民焉有不仁者乎?

(选自《孟子·尽心上》)

▶ 译文

让百姓种好他们的地,减轻他们的赋税,就可以使百姓富足。按一定时节食用,按礼的规定使用,财物就用不完了。百姓没有水和火就无法生活,晚上敲人门户求水讨火,没有人不给的,因为家家水火都多极了。圣人治理天下,就要使百姓的粮食多得像水火。粮食多得像水火,那么老百姓哪还有不仁爱的呢?

3

为人臣者怀利以事其君,为人子者怀利以事其父,为人弟者怀利以事其兄,是君臣、父子、兄弟终去仁义,怀利以相接,然而不亡者,未之有也。先生以仁义说秦楚之王,秦楚之王悦于仁义,而罢三军之师,是三军之士乐罢而悦于仁义也。为人臣者怀仁义以事其君,为人子者怀仁义以事其父,为人弟者怀仁义以事其兄,是君臣、父子、兄弟去利,怀仁义以相接也,然而不王者,未之有也。何必曰利?

(选自《孟子·告子下》)

▶ 译文

做臣下的抱着求利的目的来侍奉君主,做儿子的抱着求利的目的来侍奉父亲,做弟弟的抱着求利的目的来侍奉哥哥,这就会使君臣之间、父子之间、兄弟之间都完全丢掉仁义,抱着求利的目的来互相对待,这样而国家不灭亡,是没有的事。若是先生以仁义的道理去劝说秦王、楚王,秦王、楚王因仁义而高兴,于是停止军事行动;军队的官兵乐于罢兵,于是因仁义而高兴。做臣下的心怀仁义来侍奉君主,做儿子的心怀仁义来侍奉父亲,做弟弟的心怀仁义来侍奉哥哥,这就会使君臣之间、父子之间、兄弟之间都去掉利害关系,心怀仁义来互相对待,这样还不能够使天下归服,是没有的事。何必要去谈利呢?

4

鸡鸣而起，孳孳为善者，舜之徒也；鸡鸣而起，孳孳为利者，蹠之徒也。欲知舜与蹠之分，无他，利与善之间也。

（选自《孟子·尽心上》）

▶ 译文

鸡鸣就起床，孜孜不倦地行善，是舜一类的人；鸡叫就起身，孜孜不倦地求利，是蹠一类的人。要想知道舜和蹠的区别，没有别的，只在行善和求利的不同罢了。

5

陈代曰："不见诸侯，宜若小然；今一见之，大则以王，小则以霸。且《志》曰：'枉尺而直寻'，宜若可为也。"

孟子曰："昔齐景公田，招虞人以旌，不至，将杀之。志士不忘在沟壑，勇士不忘丧其元。孔子奚取焉？取非其招不往也。如不待其招而往，何哉？且夫枉尺而直寻者，以利言也。如以利，则枉寻直尺而利，亦可为与？昔者赵简子使王良与嬖奚乘，终日而不获一禽。嬖奚反命曰：'天下之贱工也。'或以告王良。良曰：'请复之。'强而后可，一朝而获十禽。嬖奚反命曰：'天下之良工也。'简子曰：'我使掌与女乘。'谓王良。良不可，曰：'吾为之范我驰驱，终日不获一；为之诡遇，一朝而获十。《诗》云："不失其驰，舍矢如破。"我不贯与小人乘，请辞。'御者且羞与射者比；比而得禽兽，虽若丘陵，弗为也。如枉道而从彼，何也？且子过矣：枉己者，未有能直人者也。"

（选自《孟子·滕文公下》）

▶ 译文

陈代说："您不愿谒见诸侯，似乎气量小了些；如果现在谒见一下诸侯，大则凭借他们推行王政,小则凭借他们称霸天下。何况《志》上说:'委屈一尺却能伸直八尺',好像是值得去做的。"

孟子说:"从前,齐景公打猎,用旌旗召唤看护园囿的小吏,小吏不来,景公要杀他。志士不怕弃尸山沟,勇士不怕丢掉脑袋。孔子称赞那个小吏,取他哪一点呢?取的是,不是他应该接受的召唤他就是不去。如果我不等诸侯的召唤就主动去谒见,那算什么呢?而且所谓委屈一尺可以伸直八尺,是根据利益来说的。如果只讲利益,那么假使委屈了八尺能伸直一尺而获利,也可以去干吗?从前赵简子派王良给自己宠幸的小臣奚驾车去打猎,一整天打不到一只鸟。奚回来报告说:'王良是天下最无能的驾车人。'有人把这话告诉了王良。王良说:'请让我再驾一次。'经强求后奚才同意,结果一个早晨就猎获了十只鸟。奚回来报告说:'王良是天下最能干的驾车人。'简子说:'我就叫他专门给你驾车。'也对王良说了。王良不肯,说道:'我为他按规矩驾车,整天打不到一只;不按规矩驾车,一个早上就打到了十只。《诗经》上说:"不违反驾车规矩,箭一出手就能射中。"我不习惯给小人驾车,请同意我辞掉这差事。'驾车的人尚且耻于同不守规矩的射手合作,即使这样的合作能猎获堆积如山的禽兽,也不愿去干。如果背离正道去屈从他们诸侯,那算什么呢?而且你错了:使自己变得不正直的人,是不能够使别人正直的。"

8

第二讲　志存高远

学习目标

1. 熟悉孟子对于"大丈夫"品格的阐述,理解孟子对志存高远、以天下为己任的品格追求。

2. 认识孟子的"尚志"思想于当下社会知识分子做人处世及道德修养的现实启示。

导读提示

古人有许多关于立志与做人、立志与学问、立志与处世关系的论述,孟子在回答王子垫的话时明确地表示"士"须"尚志",并为"尚志"的内涵做出了坚持仁与义的规定。我们将孟子这一思想概括为"尚志明仁义"的立志策略。孟子提出的"尚志"是与仁、义联系在一起的,仁、义代表了思想道德上的公正和正义,因此孟子提出的"尚志",要求一个重视自己道德品质修养和理想人格完善的人在立志时,必须立大志、立高志,如此方能成为"居天下之广居,立天下之正位,行天下之大道"和"富贵不能淫,贫贱不能移,威武不能屈"的"大丈夫"。读了本讲的选文,或许你对孟子的"尚志"思想和"大丈夫"气概会有更深入的体会。

原文精读

选文1:生于忧患,死于安乐

孟子曰:"舜发于畎亩之中①,傅说举于版筑之间②,胶鬲举于鱼盐之中③,管夷吾举于士④,孙叔敖举于海⑤,百里奚举于市⑥。故天将降大任于是人也,必先苦其心志,劳其筋骨,饿其体肤,空乏其身,行拂乱其所为⑦,所以动心忍性⑧,曾益其所不能⑨。人恒过⑩,然后能改;困于心⑪,衡于虑⑫,而后作⑬;征于色⑭,发于声⑮,而后喻⑯。入则无法家拂士⑰,出则无敌国外患者⑱,国恒亡。然后知生于忧患而死于安乐也。"

(选自《孟子·告子下》)

▶ 注释

①舜发于畎(quǎn)亩之中:舜原来在历山耕田,30岁时被尧起用,后来成了尧的继承人。舜,传说中的远古帝王。发,起,指被任用。畎亩,田间,田地。②傅说(yuè)举于版筑之间:傅说原在傅岩为人筑墙,殷王武丁用他为相。举,任用,选拔,这里是被选拔的意思。版筑,筑墙的时候在两块夹板中间放土,用杵捣土。筑,捣土用的杵。③胶鬲(gé)举于鱼盐之中:胶鬲起初贩卖鱼和盐,被举荐给商王。④管夷吾举于士:管仲字夷吾,原为齐国公子纠的臣,公子小白(齐桓公)和公子纠争夺君位,纠失败了,管仲作为罪人被押解回国,齐桓公知道他有才能,即用他为相。士,狱官。举于士,从狱官手里释放出来并得到任用。⑤孙叔敖举于海:孙叔敖,春秋时期楚国人,隐居海滨,楚庄王知道他有才能,任用他为令尹。⑥百里奚举于市:百里奚,春秋时期虞国大夫。虞亡后被俘,由晋入秦,又逃到楚。后来秦穆公用五张羊皮把他赎出来,用为大夫,所以说"举于市"。⑦行拂乱其所为:使他做事不顺。行,指每一行为,每做一件事。拂,违背。乱,扰乱。⑧动心忍性:使他的心惊动,使他的性格坚强起来。动,惊动,震撼。忍,坚韧。⑨曾益其所不能:增加他的所不具备的能力。曾,通"增",增加。⑩恒过:常常犯错误。恒,常。过,过失,错失,此处是犯错误的意思。⑪困于心:内心困苦。困,此处指被难住。⑫衡于虑:思虑阻塞。衡,通"横",梗塞,指不顺。⑬而后作:然后才能奋起。作,奋起,指有所作为。⑭征于色:表现于脸色,意思是憔悴枯槁,表现在脸色上。征,征验,此处有表现的意思。色,脸色。⑮发于声:意思是吟咏叹息之气发于声音。⑯而后喻:(看到他的脸色,听到他的声音)然后人们才了解他。喻,明白,了解。⑰入则无法家拂士:国内没有坚守法度的大臣和足以辅佐君王的贤士。入,此指在国内。法家,守法度的大臣。⑱出则无敌国外患者:国外如果没有与之匹敌的国家和外来国家的忧患。出,指在国外。敌国,势力、地

位相等的国家。

▶ 译文

孟子说:"舜从田间劳动中被任用,傅说从筑墙的工作中被选拔出来,胶鬲被选拔于鱼盐的买卖之中,管仲于囚犯的位置上被提拔,孙叔敖从海边被发现,百里奚从市场上被赎回。所以,上天将要把重大使命降落到某人身上,一定要先使他的意志受到磨炼,使他的筋骨受到劳累,使他的身体忍饥挨饿,使他倍受穷困之苦,让他做事总是不能顺利。这样来震动他的心志,坚强他的性情,增长他的才能。人总是要经常犯错误,然后才能改正错误。心气郁结,殚思极虑,然后才能奋发而起;显露在脸色上,表达在声音中,然后才能被人了解。一个国家,国内没有守法的大臣和辅佐的贤士,国外没有势力相当的国家和外来国家的忧患,往往容易灭亡。由此可以知道,因有忧患而使人得以生存,安逸享乐足以使人败亡。"

选文 2:妾妇之道与大丈夫之道

景春曰①:"公孙衍、张仪岂不诚大丈夫哉②?一怒而诸侯惧,安居而天下熄③。"

孟子曰:"是焉得为大丈夫乎?子未学礼乎?丈夫之冠也,父命之④;女子之嫁也,母命之,往送之门,戒之曰:'往之女家,必敬必戒,无违夫子!'以顺为正者,妾妇之道也。居天下之广居,立天下之正位,行天下之大道⑤;得志,与民由之;不得志,独行其道。富贵不能淫,贫贱不能移,威武不能屈,此之谓大丈夫。"

(选自《孟子·滕文公下》)

▶ 注释

①景春:人名,纵横家的信徒。②公孙衍:人名,即魏国人犀首,著名的说客。张仪:人名,魏国人,纵横家的主要代表,致力于游说六国服从秦国。③熄:此指战火熄灭。④丈夫之冠也,父命之:古代男子二十岁成年,行加冠礼,父亲开导他。⑤广居、正位、大道:朱熹注释:"广居,仁也;正位,礼也;大道,义也。"

　　景春说:"公孙衍和张仪难道不是真正的大丈夫吗? 发起怒来,诸侯们都会害怕;安静下来,天下就会平安无事。"

　　孟子说:"这个怎么能够叫大丈夫呢? 你没有学过礼吗? 男子举行加冠礼的时候,父亲给予训导;女子出嫁的时候,母亲给予训导,送她到门口,告诫她说:'到了你丈夫家里,一定要恭敬、谨慎,不要违背你的丈夫!'以顺从为最高准则,这是做妻妾的妇人之道。至于大丈夫,则应该住在天下最宽广的住宅"仁"里,站在天下最正确的位置"礼"上,走在天下最光明的大道"义"上。得志的时候,便与老百姓一同循着大道前进;不得志的时候,便独自坚持自己的原则。富贵不能使他骄奢淫逸,贫贱不能使他改移节操,威武不能使他屈服意志,这样才叫作大丈夫!"

语言积累

1. 解释下列加点实词的意思。

　　(1) 劳其筋骨(　　　　) 　　　　(2) 入则无法家拂士(　　　　)

　　(3) 岂不诚大丈夫哉(　　　　) 　　　　(4) 富贵不能淫(　　　　)

2. 解释下列加点虚词的用法和意义。

　　(1) 所以动心忍性(　　　　) 　　　　(2) 困于心(　　　　)

　　(3) 是焉得为大丈夫乎(　　　　) 　　　　(4) 女子之嫁也(　　　　)

梳理领悟

1.《论语》中孔子曾称赞他的弟子颜回说:"贤哉回也! 一箪食,一瓢饮,在陋巷,人不堪其忧,回也不改其乐。贤哉回也!"结合《生于忧患,死于安乐》一文,谈谈颜回的故事能说明什么道理。

2. 分别概括《妾妇之道与大丈夫之道》一文中景春和孟子关于"大丈夫"的观点。

3. 结合两文内容谈谈孟子眼中"大丈夫"气概的具体表现。

评析鉴赏

1.《生于忧患,死于安乐》一文开头连用六个事例,试分析其表达效果。

2.《生于忧患,死于安乐》一文作者是如何提出观点的?

3.《妾妇之道与大丈夫之道》运用了什么说理方法?请简要分析。

探究表达

1.《生于忧患,死于安乐》开头列举的六个事例可以印证"逆境出人才"的道理,而当代中学生大多处于"顺境"之中,在这样的"顺境"中怎样才能避免"死于安乐"呢?请结合生活实际谈谈你的理解。

2."居天下之广居,立天下之正位,行天下之大道;得志,与民由之;不得志,独行其道。富贵不能淫,贫贱不能移,威武不能屈,此之谓大丈夫。"这是战国时代孟子对"大丈夫"的定义。随着时代的发展,有人认为"大丈夫"就是讲义气、有正气的人,如宋江、晁盖等;还有人认为"大丈夫"就是那些能为国为民、先忧后乐的人,如杜甫、范仲淹等。那么,你心中的大丈夫是什么样的呢?请以"我心目中的大丈夫"为题,写一篇不少于800字的议论文。

拓展阅读

1

王子垫问曰:"士何事?"

孟子曰:"尚志。"

曰:"何谓尚志?"

曰:"仁义而已矣。杀一无罪,非仁也。非其有而取之,非义也。居恶在?仁是也。路恶在?义是也。居仁由义,大人之事备矣。"

(选自《孟子·尽心上》)

王子垫问道:"士应当做些什么事情呢?"

孟子回答说:"使自己志向高尚。"

王子垫又问:"什么叫使自己志向高尚?"

孟子回答说:"不过是做任何事情都要遵循仁爱与正义的原则罢了。杀死一个没有罪过的人,就违背了仁爱的原则;不是自己的东西却据为己有,就违背了正义的原则。哪里是我们安身立命之所呢?仁爱就是我们的安身立命之所。哪里是我们通往这个安身立命之所的道路呢?正义就是我们通往这个安身立命之所的道路。以仁爱作为安身立命之所,通过正义这条道路来实现它,做到以上这两点,志向行为高尚的人的任务也就完成了。"

2

孟子谓宋勾践曰:"子好游乎?吾语子游。人知之,亦嚣嚣;人不知,亦嚣嚣。"

曰:"何如斯可以嚣嚣矣?"

曰:"尊德乐义,则可以嚣嚣矣。故士穷不失义,达不离道。穷不失义,故士得己焉;达不离道,故民不失望焉。古之人,得志,泽加于民;不得志,修身见于世。穷则独善其身,达则兼善天下。"

(选自《孟子·尽心上》)

孟子对宋勾践说:"你喜欢游说各国的君主吗?我告诉你游说的态度。别人理解也安详自得,别人不理解也安详自得。"

宋勾践问:"怎样才能做到安详自得呢?"

孟子说:"尊崇道德,喜爱仁义,就可以安详自得了。所以士人穷困时不失去仁义,显达时不背离道德。穷困时不失去仁义,所以自得;显达时不背离道德,所以老百姓不失望。古代的人,得志时恩惠施于百姓,不得志时修养自身以显现于世。困窘时独善其身,得志时兼善天下。"

3

孟子曰:"人皆有所不忍,达之于其所忍,仁也;人皆有所不为,达之于其所为,义也。人能充无欲害人之心,而仁不可胜用也;人能充无穿窬之心,而义不可胜用也;人能充无受尔汝之实,无所往而不为义也。士未可以言而言,是以言餂之也;可以言而不言,是以不言餂之也,是皆穿窬之类也。"

(选自《孟子·尽心下》)

▶译文

孟子说:"人人都有不忍心干的事,把它推及他所忍心去干的事上,就是仁;人人都有不肯去干的事,把它推及他所肯干的事上,就是义。一个人能把不想害人的心理扩展开去,仁就用不尽了;一个人能把不愿扒洞翻墙行窃的心理扩展开去,义就用不尽了;一个人能把不愿受人轻蔑的心理扩展开去,那么无论到哪里,言行都符合义了。一个士人,不可以交谈而去交谈,这是用言语试探对方来取利;可以交谈却不去交谈,这是用沉默试探对方来取利,这些都是扒洞翻墙一类的行径。"

4

貉稽曰:"稽大不理于口。"

孟子曰:"无伤也。士憎兹多口。《诗》云:'忧心悄悄,愠于群小。'孔子也。'肆不殄厥愠,亦不殒厥问。'文王也。"

(选自《孟子·尽心下》)

▶译文

貉稽说:"我貉稽被人家说了很多坏话。"

孟子说:"没关系的。士人总会受到七嘴八舌非议的。《诗经》上说:'忧心忡忡排遣不了,小人对我又恨又恼。'孔子就是这样的人。又说:'不消除别人的怨恨,也不丧失自己的名声。'说的就是文王。"

5

孟子曰:"古之贤王好善而忘势,古之贤士何独不然?乐其道而忘人之势,故王公不致敬尽礼,则不得亟见之。见且由不得亟,而况得而臣之乎?"

(选自《孟子·尽心上》)

 译文

孟子说:"古代的贤君好善而忘记自己的权势,古代的贤士又何尝不是这样?他们乐于行道而忘记了别人的权势,所以王公大人不恭敬尽礼,就不能常常见到贤士。相见尚且不可多得,更何况要把他们当臣属呢?"

第三讲 以仁存心

学习目标

1. 熟悉和了解孟子对于君子最基本、最主要的界定与描述。
2. 深入认识孟子关于君子人格构成最主要因素"仁"的描述与阐发。

导读提示

　　孔子和孟子深刻地理解了人性,理解了人的价值,他们先后构建出以"仁"为核心的儒学道德体系。作为一种道德修养,孟子之"仁"来源于孔子之"仁",他认为君子与普通人不一样的地方在于他的"存心",君子存心于仁义,时刻不忘道德修养,这是他们终生的忧虑。"存心"问题其实就是人生理想追求、精神家园的问题。《孟子》一书提及"仁"的地方有一百多处,"原文精读"中我们选了两段文字,这两段文字代表了孟子关于"仁"的核心观点。孟子所说的"仁",来源于"恻隐之心",表现为"事亲"——爱自己的双亲,爱自己的兄弟姐妹,还表现为爱人——"仁者爱人,有礼者敬人",还表现为爱物——"亲亲而仁民,仁民而爱物"。读一读"拓展阅读"部分的选文,或许对此会有更全面而深入的认识。

原文精读

选文1：仁者爱人

　　孟子曰:"君子所以异于人者,以其存心也。君子以仁存心,以礼存心。仁者爱人,有礼者敬人。爱人者,人恒爱之;敬人者,人恒敬之。有人于此,其待我以横逆①,则君子必自反也:我必不仁也,必无礼也,此物奚宜至哉②？其自反而仁矣,

17

自反而有礼矣,其横逆由是也③,君子必自反也,我必不忠。自反而忠矣,其横道由是也,君子曰:'此亦妄人也已矣。如此,则与禽兽奚择哉④?禽兽又何难焉⑤?'是故君子有终身之忧,无一朝之患也。乃若所忧则有之:舜,人也;我,亦人也。舜为法于天下⑥,可传于后世,我由未免为乡人也,是则可忧也。忧之如何?如舜而已矣。若夫君子所患则亡矣。非仁无为也,非礼无行也。如有一朝之患,则君子不患矣。"

(选自《孟子·离娄下》)

▶ 注释

①横逆:蛮横无理。②此物:指上文所说"横逆"的态度。③由:同"犹"。④择:区别。⑤难:责难。⑥法:楷模。

▶ 译文

孟子说:"君子与一般人不同的地方在于,他内心所怀的念头不同。君子内心所怀的念头是仁,是礼。仁爱的人爱别人,礼让的人尊敬别人。爱别人的人,别人也经常爱他;尊敬别人的人,别人也经常尊敬他。假定这里有个人,他对我蛮横无理,那君子必定反躬自问:我一定不仁,一定无礼吧,不然的话,他怎么会对我这样呢?如果反躬自问是仁的,是有礼的,而那人仍然蛮横无理,君子必定再次反躬自问:我一定不忠吧?如果反躬自问是忠的,而那人仍然蛮横无理,君子就会说:'这人不过是个狂人罢了。这样的人和禽兽有什么区别呢?而对禽兽又有什么可责难的呢?'所以君子有终身的忧虑,但没有一朝一夕的祸患。比如说这样的忧虑是有的:舜是人,我也是人;舜是天下的楷模,名声传于后世,可我却不过是一个普通人而已。这个才是值得忧虑的事。忧虑又怎么办呢?像舜那样做罢了。至于君子的忧患是没有的。不是仁爱的事不干,不合于礼的事不做。即使有一朝一夕的祸患来到,君子也不会感到忧患。"

选文2:君子之乐

孟子曰:"君子有三乐,而王天下不与存焉。父母俱存,兄弟无故①,一乐也;仰不愧于天,俯不怍于人②,二乐也;得天下英才而教育之,三乐也。君子有三

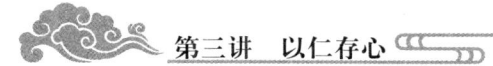

乐,而王天下不与存焉。"

孟子曰:"广土众民③,君子欲之,所乐不存焉;中天下而立④,定四海之民,君子乐之,所性不存焉。君子所性,虽大行不加焉⑤,虽穷居不损焉⑥,分定故也⑦。君子所性,仁义礼智根于心,其生色也睟然⑧,见于面,盎于背⑨,施于四体,四体不言而喻。"

(选自《孟子·尽心上》)

▶ 注释

①故:事故,灾患病丧。②怍(zuò):惭愧。③广土众民:"广"与"众"都作动词用;"广土"即扩大土地,"众民"即增加人口。④中天下:居天下的中央。⑤大行:通达,通行于天下。⑥穷居:处于困境,理想得不到实现。⑦分定:本性所决定的。分,本分,本性。⑧睟(suì)然:润泽的样子。⑨盎于背:在脊背上显现出来。盎,充满。

▶ 译文

孟子说:"君子有三件值得快乐的事,称王天下不在其中。父母都健在,兄弟无灾患,这是第一件快乐的事;抬头无愧于天,低头无愧于人,这是第二件快乐的事;得到天下的优秀人才而教育他们,这是第三件快乐的事。君子有这三件快乐的事,而称王天下不包括在内。"

孟子说:"扩大土地,增加人口,是君子所希望的,但他的乐趣不在这方面。站立在天下的中央,安定普天下的百姓,君子对此感到快乐,但他的本性不在这方面。君子的本性,即使他的理想通行天下,也不会因此而有所增加,即使处于困境,也不会因此而有所减少,这是本性已经确定的缘故。君子的本性,仁义礼智植深深地扎根心中,它们发出的气色是纯正和润的,显现在脸上,充盈在脊背,延伸到四肢。四肢无所言,一举一动就让人明白了他的理想和追求。"

语言积累

1. 解释下列加点实词的意思。

　　(1) 则君子必自反也(　　　　　)　　(2) 此物奚宜至哉(　　　　　)

（3）我由未免为乡人也（　　　　）　　（4）而王天下不与存焉（　　　　　　）

（5）施于四体（　　　　）　　（6）四体不言而喻（　　　　　）

2.解释下列加点虚词的用法和意义。

（1）君子所以异于人者（　　　　）　　（2）乃若所忧则有之（　　　　　　）

（3）所乐不存焉（　　　　）　　（4）仁义礼智根于心（　　　　　）

梳理领悟

1.《仁者爱人》一文孟子认为君子与普通人不一样的地方是什么？试加以分析。

2.试分析《君子之乐》第一段孟子所说的"三乐"的思想实质。

3.《君子之乐》一文说到君子有"所欲""所乐""所性"这三个不同层次的追求,三者的关系是什么？

评析鉴赏

1.《仁者爱人》一文中孟子多次提到舜,目的是什么？

2.以《君子之乐》第二段的论证思路为例,说说孟子说理的特色。

探究表达

1.查阅相关资料,理解下列《孟子》中关于"仁"的论述,并选择1—2条谈谈你的认识与思考,用300字写一篇文章。

（1）"学不厌,智也；教不倦,仁也。仁且智,夫子既圣矣。"（《公孙丑上》）

（2）"爱人不亲,反其仁。"（《离娄上》）

（3）"仁者以其所爱及其所不爱,不仁者以其所不爱及其所爱。"（《尽心下》）

（4）"人皆有所不忍,达之于其所忍,仁也。"（《尽心下》）

（5）"恻隐之心,仁之端也。"（《公孙丑上》）

（6）"仁也者,人也,合而言之,道也。"（《尽心下》）

2.《菜根谭》中说："仁人心地宽舒,便福源而庆长。鄙夫念头近促,便禄薄而泽短。"请根据这句话的意思,以"宽舒与近促"为话题,自拟题目,自选文体,写一篇不少于800字的文章。

拓展阅读

1

　　孟子曰："仁则荣，不仁则辱；今恶辱而居不仁，是犹恶湿而居下也。如恶之，莫如贵德而尊士，贤者在位，能者在职；国家闲暇，及是时，明其政刑。虽大国，必畏之矣。《诗》云：'迨天之未阴雨，彻彼桑土，绸缪牖户。今此下民，或敢侮予？'孔子曰：'为此诗者，其知道乎！能治其国家，谁敢侮之？'今国家闲暇，及是时，般乐怠敖，是自求祸也。祸福无不自己求之者。《诗》云：'永言配命，自求多福。'《太甲》曰：'天作孽，犹可违；自作孽，不可活。'此之谓也。"

（选自《孟子·公孙丑上》）

▶ 译文

　　孟子说："仁就光荣，不仁就耻辱；现在的人既厌恶耻辱却又居于不仁的境地，这就好像既厌恶潮湿却又居于低洼的地方一样。假如真的厌恶耻辱，那最好是以仁德为贵，尊敬士人，使有贤德的人处于一定的官位，有才能的人担任一定的职务，并且趁国家无内忧外患的时候修明政治法律制度。这样做了，即使是大国也会畏惧你。《诗经》说：'趁着天晴没阴雨，剥些桑树根上皮，补好窗子和门户。现在你们下面人，有谁还敢欺侮我？'孔子说：'写这首诗的人很懂得道理呀！能够治理好自己的国家，谁还敢欺侮他呢？'如今国家没有内忧外患，却趁着这个时候享乐腐化，这是自己寻求祸害。祸害和幸福都没有不是自己找来的。《诗经》说：'长久地与天命相配，自己寻求更多的幸福。'《尚书·太甲》说：'上天降下的灾害还可以逃避，自己造成的罪孽可就无处可逃了。'说的就是这个意思。"

2

　　淳于髡曰："先名实者，为人也；后名实者，自为也。夫子在三卿之中，名实未加于上下而去之,仁者固如此乎?"

孟子曰:"居下位,不以贤事不肖者,伯夷也;五就汤,五就桀者,伊尹也;不恶污君,不辞小官者,柳下惠也。三子者不同道,其趋一也。一者何也?曰仁也。君子亦仁而已矣,何必同?"

(选自《孟子·告子下》)

▶ 译文

淳于髡说:"重视名誉功业是为了济世救民,轻视名誉功业是为了独善其身。您为齐国三卿之一,上辅君王、下济臣民的名誉和功业都没有建立,您就离开,仁人原来是这样的吗?"

孟子说:"处在卑贱的职位,不拿自己贤人的身份去服事不肖的人,是伯夷;五次去汤那里又五次去桀那里的,是伊尹;不讨厌恶浊的君主,不拒绝微贱的职位的,是柳下惠。三个人的行为不相同,但总方向却是一样的。一样之处是什么呢?应该说就是仁。君子只要仁就行了,为什么一定要相同呢?"

3

孟子曰:"子路,人告之以有过,则喜。禹闻善言,则拜。大舜有大焉,善与人同,舍己从人,乐取于人以为善。自耕稼、陶、渔以至为帝,无非取于人者。取诸人以为善,是与人为善者也。故君子莫大乎与人为善。"

(选自《孟子·公孙丑上》)

▶ 译文

孟子说:"子路,别人指出他的过错,他就高兴。禹,听到善言,就拜谢。伟大的舜又超过了他们,好品德愿和别人共有,抛弃缺点,学人长处,乐于吸取别人的优点来修养自己的品德。舜从当农夫、陶工、渔夫,直到成为天子,没有哪一点长处不是从别人那里学来的。吸取众人的长处来修养自己的品德,这是与人一同行善。所以,君子没有比与人一同行善更好的了。"

4

燕人畔。王曰："吾甚惭于孟子。"

陈贾曰："王无患焉。王自以为与周公孰仁且智?"

王曰："恶!是何言也!"

曰："周公使管叔监殷,管叔以殷畔。知而使之,是不仁也;不知而使之,是不智也。仁智,周公未之尽也,而况于王乎?贾请见而解之。"

见孟子,问曰："周公何人也?"

曰："古圣人也。"

曰："使管叔监殷,管叔以殷畔也,有诸?"

曰："然。"

曰："周公知其将畔而使之与?"

曰："不知也。"

"然则圣人且有过与?"

曰："周公,弟也;管叔,兄也。周公之过,不亦宜乎?且古之君子,过则改之;今之君子,过则顺之。古之君子,其过也,如日月之食,民皆见之;及其更也,民皆仰。今之君子,岂徒顺之,又从为之辞。"

（选自《孟子·公孙丑下》）

▶译文

燕国人反抗齐国的占领。齐王说："对孟子我感到很惭愧。"

陈贾说："大王不必犯愁。大王在仁和智方面同周公相比较,自己觉得谁强一些?"

齐王说："咳!这是什么话!"

陈贾说："周公派管叔去监察殷人,管叔却带着殷人叛乱。如果周公知道他会反叛还派他去,这是不仁;如果不知道他会反叛而派他去,这是不智。仁和智,周公还未能完全具备,何况您大王呢?请允许我见到孟子时向他做些解释。"

陈贾见到孟子,问道："周公是怎样一个人?"

孟子说："古代的圣人。"

陈贾说："他派管叔监察殷人，管叔却带着殷人叛乱，有这回事吗？"

孟子说："是这样。"

陈贾说："周公是知道他会反叛而派他去的吗？"

孟子说："周公不知道。"

陈贾说："既然这样，那么圣人也会有过错吗？"

孟子说："周公是弟弟，管叔是哥哥，谁能料到哥哥会背叛呢？周公的过错，不也是情有可原的吗？况且，古代的君子，犯了过错就改正；现在的君子，犯了过错却照样犯下去。古代的君子，他的过错就像日食月食一样，人民都能看到；等他改正后，人民都仰望着他。现在的君子，岂止是坚持错误，竟还为错误做辩解。"

5

孟子曰："君子之于物也，爱之而弗仁；于民也，仁之而弗亲。亲亲而仁民，仁民而爱物。"

（选自《孟子·尽心上》）

▶ 译文

孟子说："君子对于万物，爱惜而不必施予仁德；对于百姓，施予仁德而不必亲近。君子首先要亲近亲人，进而把仁德施给百姓；把仁德施给百姓，进而爱惜万物。"

6

不违农时，谷不可胜食也；数罟不入洿池，鱼鳖不可胜食也；斧斤以时入山林，材木不可胜用也。谷与鱼鳖不可胜食，材木不可胜用，是使民养生丧死无憾也。

（选自《孟子·梁惠王上》）

▶ 译文

　　不耽误百姓的农时,粮食就吃不完;细密的渔网不放入大塘捕捞,鱼鳖就吃不完;按一定的时令采伐山林,木材就用不完。粮食和鱼鳖吃不完,木材用不完,这就使百姓养家糊口、办理丧事没有什么不满的了。

第四讲　浩然正气

学习目标

1. 了解孟子对于"浩然之气"的阐述,理解"浩然之气"的内涵和特征。
2. 理解孟子所说的"养气"与"不动心""养勇""知言"的内在关系。
3. 了解孟子关于"浩然之气"的思想在中国历史上产生的深远影响。

导读提示

　　孟子在两千多年前提出了"养浩然之气"的观点,并给出了个人独特的修养方法。孟子说,浩然之气是"以直养而无害,则塞于天地之间",是"配义与道""集义所生",它是道德修养达到最高境界时所表现出的巨大精神力量,是孟子关于做人思想集中的哲学概括。理解孟子的浩然之气,可联系前三讲相关内容,如"居仁由义,大人之事备矣",如"富贵不能淫,贫贱不能移,威武不能屈",如"生亦我所欲也,义亦我所欲也,二者不可得兼,舍生而取义者也",它们或诠释了浩然之气的精神内涵,或强调了浩然之气的具体表现,或成为浩然之气的人生价值观的基础,而浩然之气是所有这些的集中表现。孟子的养气思想对我们仍有借鉴意义,他告诉我们,在人生道路上要上下求索,集义养气,内求于心,不因一时的困难而畏手畏尾,不因短暂的难见成效而急于求成。

原文精读

选文1:不动心而养勇

　　公孙丑问曰:"夫子加齐之卿相①,得行道焉,虽由此霸王,不异矣②。如此,则动心否乎？"

孟子曰："否，我四十不动心。"

曰："若是，则夫子过孟贲远矣③。"

曰："是不难，告子先我不动心④。"

曰："不动心有道乎？"

曰："有。北宫黝之养勇也⑤：不肤桡，不目逃⑥，思以一豪挫于人⑦，若挞之于市朝；不受于褐宽博⑧，亦不受于万乘之君；视刺万乘之君，若刺褐夫；无严诸侯，恶声至，必反之。孟施舍之所养勇也⑨，曰：'视不胜犹胜也；量敌而后进，虑胜而后会⑩，是畏三军者也。舍岂能为必胜哉？能无惧而已矣。'孟施舍似曾子，北宫黝似子夏⑪。夫二子之勇，未知其孰贤，然而孟施舍守约也。昔者曾子谓子襄曰⑫：'子好勇乎？吾尝闻大勇于夫子矣：自反而不缩⑬，虽褐宽博，吾不惴焉；自反而缩，虽千万人，吾往矣。'孟施舍之守气，又不如曾子之守约也。"

曰："敢问夫子之不动心与告子之不动心，可得闻与？"

"告子曰：'不得于言，勿求于心；不得于心，勿求于气。'不得于心，勿求于气，可；不得于言，勿求于心，不可。夫志，气之帅也；气，体之充也。夫志至焉，气次焉；故曰：'持其志，无暴其气。'"

"既曰'志至焉，气次焉'，又曰'持其志，无暴其气⑭'者，何也？"

曰："志一则动气，气一则动志也，今夫蹶者趋者⑮，是气也，而反动其心⑯。"

（选自《孟子·公孙丑上》）

▶ 注释

①加：担任。②不异：不值得奇怪。③孟贲(bēn)：人名，齐国勇士。④告子：关于此人的身份，前人的说法不一，或认为是孟子的弟子。⑤北宫黝(yǒu)：人名，姓北宫，齐国勇士。⑥不肤桡(náo)，不目逃：肌肤被刺而不退却，眼睛被刺而不转睛。桡，退却。⑦豪：同"毫"。⑧褐宽博：穿宽大粗布衣服的人，指地位低贱的人。⑨孟施舍：人名，古代勇士。⑩会：交战。⑪曾子、子夏：人名，都是孔子的学生。⑫子襄：人名，曾子的弟子。⑬缩：直。⑭暴：妄动，滥用。⑮蹶：跌倒。⑯反动其心：反过来也使他的心志受到触动。

公孙丑问道:"让您担任齐国的卿相,能够实行您的主张了,即使因此而建立了霸业或王业,也不必感到奇怪。如果这样,您动心不动心呢?"

孟子说:"不,我四十岁起就不动心了。"

公孙丑说:"如果这样,老师就远远超过孟贲了。"

孟子说:"做到这点不难,告子在我之前就做到不动心了。"

公孙丑问:"做到不动心有什么方法吗?"

孟子说:"有。北宫黝这样培养勇气:肌肤被刺不退缩,双目被刺不转睛;他觉得,受了他人一点小委屈,就像在大庭广众之中被人鞭打了一般;既不受平民百姓的羞辱,也不受大国君主的羞辱;把行刺大国君主看得跟行刺普通百姓一样;毫不畏惧诸侯,听了恶言,一定回击。孟施舍这样培养勇气,他说:'把不能取胜看作能够取胜;如果估量了势力相当才前进,考虑到能够取胜再交战,这是畏惧强大的敌人。我哪能做到必胜呢?能无所畏惧罢了。'培养勇气的方法,孟施舍像曾子,北宫黝像子夏。这两人的勇气,不知道谁强些,但孟施舍是把握住了要领。从前,曾子对子襄说:'你喜欢勇敢吗?我曾经在孔子那里听到过关于大勇的道理:反省自己觉得理亏,那么即使对普通百姓,我也不去恐吓;反省自己觉得理直,纵然面对千万人,我也勇往直前。'孟施舍的保持勇气,又不如曾子能把握住要领。"

公孙丑说:"请问您的不动心和告子的不动心,可以讲给我听听吗?"

孟子说:"告子曾说:'言论上有所不通,心里不必去寻求道理;心里有所不安,不必求助于意气。'心里有所不安,不必求助意气,这是可以的;言论上有所不通,心里不寻求道理,这不可以。心志是意气的主帅,意气是充满体内的。心志关注到哪里,意气就停留到哪里。所以说:'要把握住心志,不要妄动意气。'"

公孙丑问:"既说'心志关注到哪里,意气就停留到哪里',又说'要把握住心志,不要妄动意气',这是为什么呢?"

孟子说:"心志专一就能调动意气,意气专一也能触动心志。譬如跌倒和奔跑,这是意气专注的结果,反过来也使他的心志受到触动。"

选文2：我善养吾浩然之气

"敢问夫子恶乎长？"

曰："我知言，我善养吾浩然之气。"

"敢问何谓浩然之气？"

曰："难言也。其为气也，至大至刚，以直养而无害①，则塞于天地之间。其为气也，配义与道②；无是③，馁也。是集义所生者，非义袭而取之也。行有不慊于心，则馁矣。我故曰，告子未尝知义，以其外之也。必有事焉，而勿正④，心勿忘，勿助长也。无若宋人然：宋人有闵其苗之不长而揠之者⑤，芒芒然归⑥，谓其人曰：'今日病矣⑦！予助苗长矣！'其子趋而往视之，苗则槁矣。天下之不助苗长者寡矣。以为无益而舍之者，不耘苗者也⑧；助之长者，揠苗者也——非徒无益，而又害之。"

（选自《孟子·公孙丑上》）

▶ 注释

①以直养而无害：以义来培养而不以邪事干扰它。②配：配合。③是：有不同解释。一说是指义和道，一说指浩然之气。④正：止。⑤闵：担心，忧愁。揠：拔。⑥芒芒然：疲倦的样子。⑦病：疲倦，劳累。⑧耘：除草。

▶ 译文

公孙丑说："请问老师您长于哪一方面呢？"

孟子说："我善于分析别人的言语，我善于培养自己的浩然之气。"

公孙丑说："请问什么叫浩然之气呢？"

孟子说："这很难用一两句话说清楚。这种气，极端浩大，极端有力量，用正直去培养它而不加以伤害，就会充满天地之间。不过，这种气必须与仁义道德相配合，否则就会缺乏力量。而且，必须要有经常性的仁义道德蓄养才能生成，而不是靠偶尔的正义行为就能获取的。一旦你的行为问心有愧，这种气就会缺乏力量。所以我说，告子不懂得义，因为他把义看成心外的东西。我们一定要不断地培养义，心中不要忘记，但也不要一厢情愿地去帮助它生长。不要像宋人一样：宋国有个人嫌他种的禾苗老是长不高，于是到地里去用手把它们一株一株地拔高，累得气喘吁吁地回家，对他家里人说：'今天可真把我累坏啦！不过，我总算让禾苗一下子就长高了！'他的儿子跑到地里去一看，禾苗已全部枯死了。天下人不犯这种拔苗助长错误的是很少的。认为养护庄稼没有用处而不去管它们的，是只种庄稼不除草的懒汉；一厢情愿地去帮助庄稼生长的，就是这种拔苗助长的人——不仅没有益处，反而害死了庄稼。"

语言积累

1. 解释下列加点实词的意思。

（1）无严诸侯（　　　　） 　　（2）气次焉（　　　　）

（3）志一则动气（　　　　） 　　（4）非义袭而取之也（　　　　）

（5）行有不慊于心（　　　　） 　　（6）以为无益而舍之者（　　　　）

2. 解释下列加点虚词的用法和意义。

（1）北宫黝之养勇（　　　　） 　　（2）量敌而后进（　　　　）

（3）敢问夫子恶乎长（　　　　） 　　（4）其子趋而往视之（　　　　）

梳理领悟

1. 孟子认为要培养"浩然之气"，最根本的是做什么？请用《我善养吾浩然之气》文中的两个字概括，并简要说明其理由。

2. 综观两篇选文，说说孟子所论述的"不动心""养勇""浩然之气"之间的关系。

评析鉴赏

1. 《不动心而养勇》写北宫黝、孟施舍养勇，其作用是什么？

2. 两篇选文一用举例、一用寓言来帮助说理，分析它们在文中的表达作用。

探究表达

1. 孟子"浩然之气"的思想在中国历史上产生了深远的影响,造就出无数"富贵不能淫,贫贱不能移,威武不能屈"的大丈夫,成就了无数惊天地、泣鬼神的英雄事迹。请介绍两位你了解的中国历史上大丈夫的事迹,并对他们的事迹做简要点评。

2. 阅读下面的材料,按要求写作。

　　一位生活并不宽裕,但几十年如一日默默给贫困山区的孩子捐款的退休老人在接受采访时表示:媒体误读了他,他从来没有觉得这么做很悲情,相反他一直很快乐,想到那些坐在教室里读书的孩子,想着自己在做一件有意义的事,想到能帮助别人,便觉得非常充实和幸福。

　　刘思宇,这位上大二时就拥有自己的公益团队的年轻人,为了递交《西双版纳环境保护报告》,冒着大雨一连5天等在政府门口。刘思宇在中山大学演讲时讲道:"改变是要自己行动的,因为你所站立的地方就是你的中国,你怎样,你的中国就怎样,你光明,中国就不黑暗!……公益不是简单的活动,不是高调的作秀,也不是一种悲情的苦行。公益是一种习惯,举手之劳就能帮助人。让别人生活得更好,我们何乐而不为呢?"

　　请以"道德心的来源"为话题,自拟题目,自选文体,写一篇不少于800字的文章。

拓展阅读

1

　　孟子曰:"牛山之木尝美矣,以其郊于大国也,斧斤伐之,可以为美乎? 是其日夜之所息,雨露之所润,非无萌蘖之生焉,牛羊又从而牧之,是以若彼濯濯也。人见其濯濯也,以为未尝有材焉,此岂山之性也哉? 虽存乎人者,岂无仁义之心哉? 其所以放其良心者,亦犹斧斤之于木也,旦旦而伐之,可以为美乎? 其日夜之所息,平旦之气,其好恶与人相近也者几希,则其旦昼之所为,有梏亡之矣。梏之反覆，则其夜气不足以存；夜气不足以存，则其违禽兽不远矣。人见其禽兽也，而以为未尝有才焉者，是岂人之情也哉？故苟得其养，无物不长；苟失其养，无物不消。孔子曰：'操则存，舍则亡；出入无时，莫知其乡。'惟心之谓与？"

（选自《孟子·告子上》）

▶ 译文

　　孟子说："牛山的树木曾经是很茂盛的，但是由于它在大都市的郊外，经常被人们用斧子砍伐，还有够保持茂盛吗？当然，山上的树木日日夜夜都在生长，雨水露珠也在滋润着它们，并非没有清枝嫩芽长出来，但随即又有人赶着牛羊去放牧，所以也就像这样光秃秃的了。人们看见它光秃秃的，便以为牛山从来也不曾有过高大的树木，这难道是这山的本性吗？即使在一些人身上也是如此，他们难道没仁义之心吗？他们放任良心失去，也像用斧头砍伐树木一样，天天砍伐，还可以保持茂盛吗？他们日日夜夜生息，在天刚亮时的清明之气，这些在他心里所产生出的好恶与一般人相近的也有那么一点点，可到了第二天，他们的所作所为，又把它们窒息而消亡了。反复窒息的结果，便使他们夜晚的息养之气不足以存在了，夜晚的息养之气不足以存在，也就和禽兽差不多了。人们见到这些人的所作所为和禽兽差不多，还以为他们从来就没有过天生的资质。这难道是人的本性如此吗？所以，假如得到滋养，没有什么东西不生长；假如失去滋养，没有什么东西不消亡。孔子说过：'把握住就存在，放弃就失去；进出没有一定的时候，也不知道它去向何方。'这就是指人心而言的吧？"

2

　　"何谓知言？"

　　曰："诐辞知其所蔽，淫辞知其所陷，邪辞知其所离，遁辞知其所穷。——生于其心，害于其政；发于其政，害于其事。圣人复起，必从吾言矣。"

　　"宰我、子贡善为说辞，冉牛、闵子、颜渊善言德行。孔子兼之，曰：'我于辞命，则不能也。'然则夫子既圣矣乎？"

　　曰："恶！是何言也？昔者子贡问于孔子曰：'夫子圣矣乎？'孔子曰：'圣则吾

不能,我学不厌而教不倦也。'子贡曰:'学不厌,智也;教不倦,仁也。仁且智,夫子既圣矣。'夫圣,孔子不居——是何言也?"

"昔者窃闻之:子夏、子游、子张皆有圣人之一体,冉牛、闵子、颜渊则具体而微,敢问所安。"

曰:"姑舍是。"

(选自《孟子·公孙丑上》)

▶ 译文

公孙丑问:"什么叫能分析各种言论?"

孟子说:"偏颇的言论,知道它不全面的地方;过激的言论,知道它陷入错误的地方;邪曲的言论,知道它背离正道的地方;躲闪的言论,知道它理屈词穷的地方。这些言论从心里产生出来,会危害政治;从政治上表现出来,会危害各种事业。如果有圣人再次出现,一定会赞成我所说的。"

公孙丑说:"宰我、子贡擅长言谈辞令,冉牛、闵子、颜渊擅长阐述德行。孔子兼有这两方面的特长,却还说:'我对于辞令是不擅长的。'老师既然说擅长分析言论,那么老师已经是圣人了吧?"

孟子说:"哎呀!这是什么话!从前子贡问孔子道:'老师是圣人了吧?'孔子说:'圣人,我不能做到,我只是学习不觉满足,教人不知疲倦。'子贡说:'学习不觉满足,这样就有智慧;教人不知疲倦,这是实践仁德。既有仁德又有智慧,老师已经是圣人了。'圣人,孔子尚且不敢自居——你说我是圣人了,这是什么话呀?"

公孙丑说:"以前我听说过这样的话:子夏、子游、子张都有圣人的一部分特点,冉牛、闵子、颜渊具备了圣人所有的特点,只是还嫌微浅。请问您处于哪种情况?"

孟子说:"暂且不谈这个问题。"

3

曰:"伯夷、伊尹何如?"

曰:"不同道。非其君不事,非其民不使;治则进,乱则退,伯夷也。何事非君，何使非民；治亦进，乱亦进，伊尹也。可以仕则仕，可以止则止，可以久则久，可以速则速，孔子也。皆古圣人也。吾未能有行焉；乃所愿，则学孔子也。"

"伯夷、伊尹于孔子，若是班乎？"

曰："否！自有生民以来，未有孔子也。"

曰："然则有同与？"

曰："有。得百里之地而君之，皆能以朝诸侯，有天下；行一不义，杀一不辜，而得天下，皆不为也。是则同。"

曰："敢问其所以异。"

曰："宰我、子夏、有若，智足以知圣人，污不至阿其所好。宰我曰：'以予观于夫子，贤于尧、舜远矣。'子贡曰：'见其礼而知其政，闻其乐而知其德，由百世之后，等百世之王，莫之能违也。自生民以来，未有夫子也。'有若曰：'岂惟民哉？麒麟之于走兽，凤凰之于飞鸟，太山之于丘垤，河海之于行潦，类也。圣人之于民，亦类也。出于其类，拔乎其萃，自生民以来，未有盛于孔子也。'"

（选自《孟子·公孙丑上》）

▶ 译文

公孙丑问："伯夷、伊尹怎么样？"

孟子说："处世的方法不同。不是理想的君主不去侍奉，不是理想的百姓不去使唤；天下安定就入朝做官，天下动乱就辞官隐居，这是伯夷的处世方法。可以侍奉不好的君主，可以使唤不好的百姓，天下安定去做官，天下动乱也去做官，这是伊尹的处世方法。该做官就做官，该辞官就辞官，该任职长一些就任职长一些，该赶快辞职就赶快辞职，这是孔子的处世方法。他们都是古代的圣人，我还做不到他们这样；至于我所希望的，那就是学习孔子。"

公孙丑问："伯夷、伊尹相对于孔子来说，是同等的吗？"

孟子说："不！自有人类以来，没有比得上孔子的。"

公孙丑问："那么他们有共同之处吗？"

孟子说："有。如果能有方圆百里的一块地方而由他们做君主，他们都能使诸侯来朝见而拥有天下；如果要他们干一件不义的事情，杀一个无辜的人而让他们得到天下，他们都是不愿去干的。这些是共同的。"

公孙丑说:"请问孔子和他们不同的地方。"

孟子说:"宰我、子贡、有若,他们的智慧足以了解孔子,即使有所夸大,也不至于阿谀吹捧他们所敬爱的人。宰我说:'根据我对老师的观察,老师远远超过尧、舜了。'子贡说:'见了一国礼制,就能知道一国的政治;听了一国的音乐,就能了解一国的德教;即使从一百代以后来评价这一百代的君主,也没有谁能违背孔子这个道理的。自有人类以来,没有比得上孔子的。'有若说:'岂止是人类有这样的不同!麒麟对于走兽,凤凰对于飞鸟,泰山对于土丘,河海对于水沟,都是同类的;圣人对于一般的人,也是同类的。这些都高出了同类,超出了同群,自有人类以来,没有比孔子更伟大的了。'"

第五讲　中庸之道

学习目标

1. 了解孟子对于"中道""执中"思想的阐述，并理解其内涵。
2. 理解孟子"中道"思想对于思考问题、处理事情的重要意义。
3. 深入认识孔孟的中庸思想对于今天建设和谐社会的现实意义。

导读提示

　　孔子认为"中庸"是道德的最高境界，孟子对"中庸"倍加推崇并极力倡导。中庸思想多为世人曲解，有人把它理解为骑墙派的"墙头草哲学"，模棱两可的和稀泥，随意妥协的老好人，凡事不冒头不冒尖、无原则、左右逢源、滑头狡诈的处世之道等等。实际上，孔孟恰恰反对为人处世上无原则、左右逢源的老好人，孔孟强调的"中庸"是不偏不倚、无过无不及，即思考和处理事务要恰到好处。孟子强调思考问题、处理事情要"执中"，这个"中"，不是两者之间的中间点，它是活动的、变化的，不是固定的、不变的，是因时因事而有所不同的。《中庸》的开篇说"致中和，天地位焉，万物齐焉"，在建设和谐社会的今天，如何看待他人，如何处理事务，读一点孔孟，学一点中庸之道，是大有裨益的。

原文精读

选文1：隘与不恭，君子不由也

　　孟子曰："伯夷，非其君不事，非其友不友。不立于恶人之朝，不与恶人言；

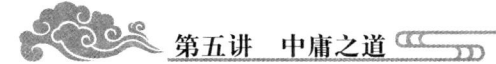

立于恶人之朝,与恶人言,如以朝衣朝冠坐于涂炭①。推恶恶之心②,思与乡人立,其冠不正,望望然去之③,若将浼焉④。故诸侯虽有善其辞命而至者,不受也。不受也者,是亦不屑就已⑤。柳下惠不羞污君⑥,不卑小官;进不隐贤,必以其道;遗佚而不怨⑦,厄穷而不悯。故曰,'尔为尔,我为我,虽袒裼裸裎于我侧⑧,尔焉能浼我哉?'故由由然⑨与之偕而不自失焉,援而止之而止。援而止之而止者,是以不屑去已。"孟子曰:"伯夷隘,柳下惠不恭。隘与不恭,君子不由也。"

（选自《孟子·公孙丑上》）

▶ 注释

①涂炭:泥路和炭灰。②推:推广。③望望然:不满意的样子。④浼(měi):玷污,弄脏。⑤不屑就已:不屑于接近罢了。⑥柳下惠:人名,鲁国大夫,名获,字禽,惠为其谥号。不羞污君:不以侍奉昏庸的君主为羞。⑦遗佚:指不被任用。⑧袒裼(xī)裸裎(chéng):赤身裸体。⑨由由然:高兴自得的样子。

▶ 译文

孟子说:"伯夷,不是他理想的君主就不去侍奉,不是他中意的朋友就不去结交。不在恶人的朝廷里做官,不同恶人交谈。在恶人的朝廷里做官,同恶人交谈,就觉得像是穿戴着上朝的衣帽坐在泥土炭灰上一样。把这种厌恶恶人的心情推广开去,他就会想,如果同一个普通人站在一起,那人帽子戴得不正,就该生气地离开他,就像会被他玷污似的。因此,诸侯即使有用动听的言辞来请他的,他也不接受。不接受,就是不屑于接近他们。柳下惠不认为侍奉坏君主是羞耻的事,也不因为官职小而瞧不上;到朝廷做官,不掩藏自己的贤能,必定按自己的原则行事;被国君遗弃而不怨恨,处境穷困而不忧伤。所以他说:'你是你,我是我,即使你赤身裸体地在我身旁,你又哪能玷污我呢?'所以他能高高兴兴地同这样的人处在一起而不失去自己的风度,拉他留下,他就留下。拉他留下他就留下,这也就是不屑于离开罢了。"孟子又说:"伯夷狭隘,柳下惠不严肃。狭隘与不严肃,君子是不这么做的。"

选文2：孟子论乡愿之徒

万章问曰①："孔子在陈曰②：'盍归乎来！吾党之小子狂简③，进取，不忘其初。'孔子在陈，何思鲁之狂士？"

孟子曰："孔子'不得中道而与之，必也狂狷乎！狂者进取，狷者有所不为也④'。孔子岂不欲中道哉？不可必得，故思其次也。"

"敢问何如斯可谓狂矣？"

曰："如琴张、曾皙、牧皮者⑤，孔子之所谓狂矣。"

"何以谓之狂也？"

曰："其志嘐嘐然⑥，曰，'古之人，古之人。'夷考其行⑦，而不掩焉者也。狂者又不可得，欲得不屑不洁之士而与之，是狷也，是又其次也。孔子曰：'过我门而不入我室，我不憾焉者，其惟乡原乎⑧！乡原，德之贼也⑨。'"

曰："何如斯可谓之乡原矣？"

曰："'何以是嘐嘐也？言不顾行，行不顾言，则曰，古之人，古之人。行何为踽踽凉凉⑩？生斯世也，为斯世也，善斯可矣。'阉然媚于世也者⑪，是乡原也。"

万章曰："一乡皆称原人焉，无所往而不为原人，孔子以为德之贼，何哉？"

曰："非之无举也，刺之无刺也⑫，同乎流俗，合乎污世，居之似忠信，行之似廉洁，众皆悦之，自以为是，而不可与入尧舜之道，故曰'德之贼'也。孔子曰：'恶似而非者：恶莠⑬，恐其乱苗也；恶佞⑭，恐其乱义也；恶利口，恐其乱信也；恶郑声，恐其乱乐也；恶紫，恐其乱朱也；恶乡原，恐其乱德也。'君子反经而已矣⑮。经正，则庶民兴；庶民兴，斯无邪慝矣⑯。"

（选自《孟子·尽心下》）

▶ 注释

①万章：人名，孟子的门徒。②陈：周代的一个诸侯国，故都在今淮阳县。③吾党之小子狂简：见于《论语·公冶长》。党，指家乡，乡里。小子，子弟，年少的一代人。狂，指志向狂大，不近实际。简，指做事简单粗率。④不得中道而与

之……狷（juàn）者有所不为也：见于《论语·子路》。中道，《论语》为"中行"，指中庸之道。狷，孤洁而行为拘谨。⑤琴张、曾晳、牧皮：皆人名。曾晳，孔子的弟子。⑥嘐（xiāo）嘐：志大言大，言行不一。⑦夷：句首助词，无义。⑧乡原：指外有忠厚仁义之名，实则与流俗合污之人，即好好先生。原，同"愿"。⑨乡原，德之贼也：见于《论语·阳货》。⑩踽（jǔ）踽：孤单的样子。凉凉：不见亲厚于人。⑪阉然：低下献媚的样子。⑫刺之无刺也：批评他却无有批评之处。⑬莠：杂草。⑭佞：才智机敏，能说会道。⑮反经：回归到常规正道。反，同"返"。⑯慝（tè）：邪恶。

▶ **译文**

万章问道："孔子在陈国说：'何不回去呀！我的门徒志大狂放，做事简率，进取不忘根本。'孔子在陈国，为什么思念鲁国的狂放之士？"

孟子答道："孔子说过'得不着言行中庸之士同他交往，一定只能结识狂放之人和狷介之士吧！狂放的人能进取，狷介的人有不做的事情。'孔子难道不想结交中庸之士吗？不能一定得到，所以只想那次一等的了。"

万章说："请问什么样的人才能称作狂放的人？"

孟子答道："像琴张、曾晳、牧皮这样的人，就是孔子所说的狂放的人了。"

万章说："为什么说他们是狂放的人呢？"

孟子答道："他们志向远大，说话夸张，总说：'古代的人！古代的人！'考察他们的行为，却不跟语言相合。狂放的人又不能得到，就想得到不屑于做不干净的事的人而跟他交友，这就是狷介之士，这又是次一等的了。孔子说：'经过我的大门却不进入我的屋子，我不觉得不满意，那只有好好先生吧！好好先生，是残害道德的人。'"

万章问道："什么样的人就可以称他好好先生呢？"

孟子回答说："好好先生批评狂放之人说'为什么这样志高言大呢？话语不照应行为，行为不照应话语，就只说'古代的人，古代的人！'又批评狷介之士说'行为为什么这样孤独冷落？'又说'生在这个社会，为这个社会做事，能好一些就可以了。'光滑玲珑献媚世人的人，这就是好好先生。"

万章说："全乡的人都叫他老好人，他也无处不表现出是个老好人，孔子认为他是残害道德的人,为什么呢?"

孟子回答说:"非难他却举不出什么错误,责骂他却没什么可责骂的,他只是混同于流俗,相合于污世,为人好像忠厚诚实,行动好像方正纯洁,众人都喜欢他,自己也认为自己正确,但不能进入尧舜的道德规范,所以是'残害道德的人'。孔子说过:'厌恶似是而非的东西:厌恶杂草,怕它弄乱了禾苗;厌恶巧言谄媚,怕它弄乱了道义;厌恶夸夸其谈,怕它弄乱了诚实;厌恶郑国音乐,怕它弄乱了雅乐;厌恶紫色,怕它弄乱了红色;厌恶好好先生,怕它弄乱了道德。'君子使一切事物回到正道罢了。道正百姓就会积极,百姓积极,就没有邪恶了。"

语言积累

1. 解释下列加点实词的意思。

（1）推恶恶之心（　　　　　）　　（2）不卑小官（　　　　　）

（3）厄穷而不悯（　　　　　）　　（4）不得中道而与之（　　　　　）

（5）德之贼也（　　　　　）　　　（6）刺之无刺也（　　　　　）

2. 解释下列加点虚词的用法和意义。

（1）如以朝衣朝冠坐于涂炭（　　　　）　（2）必以其道（　　　　）

（3）盍归乎来（　　　　）　　　　　　　（4）何以谓之狂也（　　　　）

梳理领悟

1.《隘与不恭,君子不由也》一文中,孟子对伯夷和柳下惠是什么态度?

2. 概括《孟子论乡愿之徒》一文中"乡原"的形象特征。

3. 结合两篇选文谈谈孟子的中庸思想。

评析鉴赏

1.《隘与不恭,君子不由也》一文举伯夷和柳下惠为例,其目的是什么?

2.《孟子论乡愿之徒》一文作者是如何一步步引出对乡原的评说的?

探究表达

1. 下面是《论语》中有关"中庸"思想的阐述,试结合本讲所选《孟子》中的章句,
　 谈谈你对中庸思想的认识。

　 (1) 子曰:"中庸之为德也,其至矣乎! 民鲜久矣。"(《雍也》)

　 (2) 子贡问:"师与商也孰贤?"子曰:"师也过,商也不及。"曰:"然则师愈与?"
　　　 子曰:"过犹不及。"(《先进》)

　 (3) 子曰:"《关雎》乐而不淫,哀而不伤。"(《八佾》)

　 (4) 子曰:"质胜文则野,文胜质则史。文质彬彬,然后君子。"(《雍也》)

　 (5) 或曰:"以德报怨,何如?"子曰:"何以报德? 以直报怨,以德报德。"
　　　 (《宪问》)

2. 根据以下材料,自选角度,自拟题目,写一篇不少于800字的文章。

　　　 人的心中总有一些坚硬的东西,也有一些柔软的东西。如何对待它们,
　　　 将关系到能否造就和谐的自我。

拓展阅读

1

　　　 孟子曰:"仲尼不为已甚者。"

(选自《孟子·离娄下》)

▶ 译文

　　　 孟子说:"仲尼不做过头的事。"

2

　　　 孟子曰:"杨子取为我,拔一毛而利天下,不为也。墨子兼爱,摩顶放踵利天
下,为之。子莫执中。执中为近之。执中无权,犹执一也。所恶执一者,为其贼

道也,举一而废百也。"

（选自《孟子·尽心上》）

▶ 译文

孟子说:"杨子奉行'为我',拔根汗毛就对天下有利,他也不干。墨子提倡'兼爱',哪怕从头到脚都受伤,只要对天下有利,也愿干。子莫持中间态度,持中间态度就接近正确了。但是,持中间态度而没有变通,也还是执着在一点上。执着于一点之所以不好,是因为它损害了道,抓住了一点而丢弃了其他一切的缘故。"

3

孟子曰:"于不可已而已者,无所不已。于所厚者薄,无所不薄也。其进锐者,其退速。"

（选自《孟子·尽心上》）

▶ 译文

孟子说:"对于不该抛弃的人却抛弃了,那就没有什么人不可抛弃了。对于该厚待的人却给予薄待,那就没有什么人不可薄待的了。进得太快的人,退得也快。"

4

孟子曰:"中也养不中,才也养不才,故人乐有贤父兄也。如中也弃不中,才也弃不才,则贤不肖之相去,其间不能以寸。"

（选自《孟子·离娄下》）

▶ 译文

孟子说:"道德行为合乎法度的人要教育、熏陶不合法度的人,有才能的人要教育、熏陶没有才能的人,所以人们都乐于有贤能的父兄。如果道德行为合乎法

度的人鄙弃不合法度的人,有才能的人鄙弃没有才能的人,那么贤能的人与不贤能的人之间的距离,就近得不能用寸来度量了。"

5

孟子曰:"可以取,可以无取,取伤廉;可以与,可以无与,与伤惠;可以死,可以无死,死伤勇。"

(选自《孟子·离娄下》)

▶ 译文

孟子说:"可以拿,可以不拿,拿了就伤害了廉洁;可以给,可以不给,给了就伤害了恩惠;可以死,可以不死,死了就伤害了勇敢。"

第六讲　为官之道

学习目标

1. 了解孟子关于从政为官思想的阐述,并理解其为官之道的主张。
2. 认识孟子从政为官的思想对于今天建设美好和谐社会的意义。

导读提示

《孟子》中对怎样为官从政的论述较为丰富,因为孟子志在从政,"务引其君以当道",孟子的教学活动,也是围绕着指导弟子"出学入仕"这个目标来进行的。在孟子看来,为什么要出仕、为官的选择、为官的原则等问题是君子为官要思考的根本性命题,孟子也对此进行了详细的讲解和阐述,比如为官要有"仁义忠信"的道德修养,为官要有独立的人格,为官要肩负重大职责,为官要开展批评和自我批评,为官要积极发挥民众的作用等等,这些论述对于我们今天认识君民关系、讨论如何从政为官有指导意义。

原文精读

选文1:君子由其道而仕

周霄问曰①:"古之君子仕乎?"

孟子曰:"仕。《传》曰:'孔子三月无君,则皇皇如也②,出疆必载质③。'公明仪曰④:'古之人三月无君,则吊。'"

"三月无君则吊,不以急乎?"

曰:"士之失位也,犹诸侯之失国家也。《礼》曰:'诸侯耕助⑤,以供粢盛⑥。

夫人蚕缫⑦,以为衣服。牺牲不成⑧,粢盛不洁,衣服不备,不敢以祭。惟士无田,则亦不祭。'牲杀、器皿、衣服不备,不敢以祭,则不敢以宴,亦不足吊乎?"

"出疆必载质,何也?"

曰:"士之仕也,犹农夫之耕也;农夫岂为出疆舍其耒耜哉?"

曰:"晋国亦仕国也⑨,未尝闻仕如此其急。仕如此其急也,君子之难仕,何也?"

曰:"丈夫生而愿为之有室,女子生而愿为之有家;父母之心,人皆有之。不待父母之命、媒妁之言,钻穴隙相窥⑩,逾墙相从⑪,则父母国人皆贱之。古之人未尝不欲仕也,又恶不由其道。不由其道而往者,与钻穴隙之类也。"

(选自《孟子·滕文公下》)

▶ 注释

①周霄:人名,战国时期魏国人。②皇皇如:相当于"惶惶然",有求而不得、怅然若失的样子。③出疆必载质:出国一定要带上礼物。质,通"贽",古代初次与人相见所送的礼品。④公明仪:人名,古代贤人。⑤耕助:指诸侯在春季亲自耕田以示重农。⑥粢(zī)盛(chéng):用以祭祀的谷物。⑦夫人:指国君的正妻。蚕缫(sāo):养蚕和缫丝,所谓缫丝,是指把蚕茧变成蚕丝。⑧牺牲:用以祭祀的牲畜。⑨晋国:此指战国时期的魏国,因为春秋末期,晋国分裂为魏、赵、韩三国,三国之人往往自称其国为晋国。仕国:士人可以从政做官的国家。⑩钻穴隙:穿个孔穴,弄个缝隙。⑪相从:私会,私奔。

▶ 译文

周霄问道:"古代的君子从政做官吗?"

孟子说:"是的,从政做官。据记载说:'孔子三个月无法在君主手下做事,就会有怅然若失的样子。离开国境而去其他国家的时候都会携带着拜见君主的礼物。'公明仪说过:'古代的人三个月无法在君主手下做事,就要去慰问他。'"

周霄说:"三个月无法在君主手下做事就要去慰问他,不是太急切了吗?"

孟子说:"士人失去可以从政的职位,好比诸侯失去国家。礼仪之书中记载:'诸侯春季亲自耕种,用田地中所收获的东西作为祭祀的谷物。国君的夫人亲自养蚕缫丝,用所获得蚕丝来缝制祭祀的衣服。用来祭祀的牲畜不肥壮,用来祭祀的谷物不洁净,用来祭祀的衣服不完备,不敢用来举行祭祀。士人没有田地就不举行祭祀。'祭祀用的牲畜、器物、衣服,如果不完备,不敢用来举行祭祀,也就不敢用来设宴待宾客,这还不足以使人去慰问吗?"

周霄说:"离开国境而去其他国家的时候都携带着拜见君主的礼物,这是为什么呢?"

孟子说:"士人从政做官,好比农夫耕田种地。农夫难道会因为离开国境而舍弃他的农具吗?"

周霄说:"魏国也是士人可以从政做官的国家,不曾听说从政做官像这么急切。士人从政做官是如此急切的事,而君子却不轻易做官,又是什么道理呢?"

孟子说:"生了男子,父母希望给他娶妻,生了女子,父母希望给她找到丈夫。每位父母都有这样的心思。身为儿女,不等待父母的命令和媒妁的介绍,挖个洞、弄个缝隙去偷看自己所喜欢的人,爬越墙头而去私会私奔,就会使父母和国内的人都认为他们以及他们所做的是卑贱之事。古代的人不曾不想从政做官,又厌恶不遵循礼义正道。不遵循礼义正道而前往从政做官,是跟男女穿洞挖缝相类似的做法。"

选文 2:孟子责平陆大夫

孟子之平陆①,谓其大夫曰②:"子之持戟之士③,一日而三失伍④,则去之否乎?"

曰:"不待三。"

"然则子之失伍也亦多矣。凶年饥岁,子之民,老羸转于沟壑,壮者散而之四方者,几千人矣。"

曰:"此非距心之所得为也。"

曰:"今有受人之牛羊而为之牧之者,则必为之求牧与刍矣。求牧与刍而不得,则反诸其人乎? 抑亦立而视其死与?"

曰:"此则距心之罪也。"

他日,见于王曰:"王之为都者⑤,臣知五人焉。知其罪者,惟孔距心。"

为王诵之。

王曰:"此则寡人之罪也。"

（选自《孟子·公孙丑下》）

▶ **注释**

①平陆:地名,齐国边境城邑。②大夫:这里指平陆的地方长官,名孔距心。③持戟之士:指士兵。④失伍:掉队,离开岗位。⑤为都者:做地方长官的人。

▶ **译文**

孟子到了平陆,对那里的长官孔距心说:"如果你的士兵一天三次擅离职守,开除不开除他呢?"

孔距心说:"不必等三次。"

孟子说:"那么您擅离职守的地方也够多的了。荒年饥岁,您的百姓,年老体弱抛尸露骨在山沟的,年轻力壮逃荒到四方的,将近一千人了。"

孔距心说:"这个问题不是我能够解决的。"

孟子说:"假如现在有个人,接受了别人的牛羊而替他放牧,那么必定要为牛羊寻找牧场和草料。如果找不到牧场和草料,那么是把牛羊还给那个人呢,还是就站在那儿眼看着牛羊饿死呢?"

孔距心说:"这是我的罪过。"

其后某一天,孟子朝见齐王说:"大王的地方长官我认识五个,能认识自己罪过的,只有孔距心。"接着向齐王复述了与孔距心的对话。

齐王说:"这是我的罪过啊。"

语言积累

1. 解释下列加点实词的意思。

（1）则吊（　　　　　）　　　　（2）犹诸侯之失国家也（　　　　　）

（3）衣服不备（　　　　　）　　　（4）孟子之平陆（　　　　　）

（5）老羸转于沟壑（　　　　　）　（6）则必为之求牧与刍矣（　　　　　）

2.解释下列加点虚词的用法和意义。

（1）不以急乎（   ）   （2）士之失位也（   ）

（3）一日而三失伍（   ）   （4）王之为都者（   ）

梳理领悟

1.《君子由其道而仕》讨论了为官的哪些方面的问题？请加以概述和评析。

2.《孟子责平陆大夫》最后说孟子"为王诵之"，"诵"在这里的意思是"陈述"。根据原文推断孟子向王陈述了什么，他陈述的目的是什么。

评析鉴赏

1.结合两篇文章内容分析孟子用了什么方法说理。

2.赏析《孟子责平陆大夫》一文中孟子这一形象。

探究表达

1.阅读《孟子·离娄上》第八章，谈谈你对"思诚者，人之道也"这一观点的认识。

孟子曰："居下位而不获于上，民不可得而治也。获于上有道，不信于友，弗获于上矣。信于友有道，事亲弗悦，弗信于友矣。悦亲有道，反身不诚，不悦于亲矣。诚身有道，不明乎善，不诚其身矣。是故诚者，天之道也；思诚者，人之道也。至诚而不动者，未之有也；不诚，未有能动者也。"

2.根据以下材料，自选角度，自拟题目，写一篇不少于800字的文章。

明代政治家钱琦在《钱公良测语》中说："治人者必先自治，责人者必先自责，成人者必先自成。"

拓展阅读

1

孟子曰："仕非为贫也，而有时乎为贫；娶妻非为养也，而有时乎为养。为贫者，辞尊居卑，辞富居贫。辞尊居卑，辞富居贫，恶乎宜乎？抱关击柝。孔子尝为委吏矣,曰:'会计当而已矣。'尝为乘田矣,曰:'牛羊茁壮长而已矣。'位卑而言高,罪也;立乎人之本朝,而道不行,耻也。"

（选自《孟子·万章下》）

▶ 译文

孟子说:"做官不是因为贫穷,但有时也是因为贫穷;娶妻不是了孝养父母,但有时也是为了孝养父母。因为贫穷而做官的,便应该拒绝高官而居于低位,拒绝厚禄而只受薄禄。拒绝高官而居于低位,拒绝厚禄而只受薄禄,做什么合适呢? 比如说做守门打更一类的小吏。孔子曾经做过管理仓库的小吏,只说:'出入的账目清楚了。'又曾经做过管理牲畜的小吏,只说:'牛羊都长得很壮实。'地位低下却议论朝廷大事,这是罪过;身在朝廷做官而不能实现自己的抱负,这是耻辱。"

2

孟子谓蚳鼃曰:"子之辞灵丘而请士师,似也,为其可以言也。今既数月矣,未可以言与?"

蚳鼃谏于王而不用,致为臣而去。

齐人曰:"所以为蚳鼃则善矣;所以自为,则吾不知也。"

公都子以告。

曰:"吾闻之也:有官守者,不得其职则去;有言责者,不得其言则去。我无官守,我无言责也,则吾进退,岂不绰绰然有余裕哉?"

（选自《孟子·公孙丑下》）

▶ 译文

孟于对蚳鼃说:"您辞去灵丘县长而请求做狱官,这似乎有道理,因为可以向齐王进言。可是现在你已经做了好几个月的狱官了,还不能向齐王进言吗?"

蚳鼃向齐王进谏,齐王不听。蚳鼃因此辞职而去。

齐国人说:"孟子为蚳鼃的考虑倒是有道理,但是他怎样替自己考虑呢? 我们就不知道了。"

公都子把齐国人的议论告诉了孟子。

孟子说："我听说过：有官位的人，如果无法尽其职责就应该辞官不干；有进言责任的人，如果言不听，计不从，就应该辞职不干。至于我，既无官位，又无进言的责任，那我的进退去留，岂不是非常宽松而有自由的回旋余地吗？"

3

孟子告齐宣王曰："君之视臣如手足，则臣视君如腹心；君之视臣如犬马，则臣视君如国人；君之视臣如土芥，则臣视君如寇仇。"

王曰："礼，为旧君有服，何如斯可为服矣？"

曰："谏行言听，膏泽下于民；有故而去，则君使人导之出疆，又先于其所往；去三年不反，然后收其田里。此之谓三有礼焉。如此，则为之服矣。今也为臣，谏则不行，言则不听；膏泽不下于民；有故而去，则君搏执之，又极之于其所往；去之日，遂收其田里。此之谓寇仇。寇仇，何服之有？"

(选自《孟子·离娄下》)

▶ 译文

孟子告诉齐宣王说："君主看待臣下如同自己的手足，臣下看待君主就会如同自己的腹心；君主看待臣下如同犬马，臣下看待君主就会如同路人；君主看待臣下如同泥土草芥，臣下看待君主就会如同强盗仇敌。"

宣王说："礼规定，要为先前侍奉过的君主穿孝服。君主如何做，臣下才能为他服孝呢？"

孟子说："臣下有劝谏被实行，有建议被采纳，恩惠润泽民众；臣子因故离去，君主就派人领他出境，并事先到他所要去的地方做好安排；离去三年不返回，才收回他的土地和房屋。这叫作三有礼。这样，臣下就愿意为他服孝了。如今做臣下的，有劝谏君主不实行，有建言君主不听，恩惠不能润泽民众；因故离去，君主就要拘捕，又使他于所要去的地方陷入困境；离开当天，就没收了他的土地和房屋。这就叫作强盗仇敌。对强盗、仇敌一样的国君，还怎么为他服孝呢？"

4

　　孟子曰："有天爵者,有人爵者。仁义忠信,乐善不倦,此天爵也;公卿大夫,此人爵也。古之人修其天爵,而人爵从之。今之人修其天爵,以要人爵;既得人爵,而弃其天爵,则惑之甚者也,终亦必亡而已矣。"

(选自《孟子·告子上》)

▶ 译文

　　孟子说:"有天赐的爵位,有人授的爵位。仁义忠信,不厌倦地乐于行善,这是天赐的爵位;公卿大夫,这是人授的爵位。古人修养天赐的爵位,水到渠成地获得人授的爵位。现在的人修养天赐的爵位,其目的就在于得到人授的爵位;一旦得到人授的爵位,便抛弃了天赐的爵位。这可真是糊涂得很啊! 最终连人授的爵位也必定会失去。"

5

　　鲁欲使慎子为将军。孟子曰:"不教民而用之,谓之殃民。殃民者,不容于尧舜之世。一战胜齐,遂有南阳,然且不可——"

　　慎子勃然不悦曰:"此则滑釐所不识也。"

　　曰:"吾明告子。天子之地方千里;不千里,不足以待诸侯。诸侯之地方百里;不百里,不足以守宗庙之典籍。周公之封于鲁,为方百里也;地非不足,而俭于百里。太公之封于齐也,亦为方百里也;地非不足也,而俭于百里。今鲁方百里者五,子以为有王者作,则鲁在所损乎,在所益乎? 徒取诸彼以与此,然且仁者不为,况于杀人以求之乎? 君子之事君也,务引其君以当道,志于仁而已。"

(选自《孟子·告子下》)

▶ 译文

　　鲁国打算叫慎子做将军。孟子说:"不先教导百姓就用他们打仗,这叫让百姓遭殃。让百姓遭殃的人，如果在尧舜时代，是不被容忍的。即使一战而胜齐国，就夺得了南阳，这样也是不可以的。"

慎子勃然不高兴地说："这是我所不了解的了。"

孟子说："我明白地告诉你吧。天子的土地方圆一千里；如果不到一千里，就不够接待诸侯。诸侯的地方圆一百里；如果不到一百里，就不够用以奉守历代相传的礼法制度。周公被封于鲁，是应该方圆一百里的；土地并不是不够，但实际少于一百里。太公被封于齐，也应该是方圆一百里的；土地并不是不够，但实际上少于一百里。如今鲁国有五个一百里的长度和宽度，你以为假如有圣主兴起，鲁国的土地是在被削减之列还是在被增加之列呢？不用兵力，白白取自那国拿过来给这国，仁人尚且不干，何况杀人来取得土地呢？君子服侍君王，只是专心一意地引导他趋向正路，有志于仁罢了。"

第七讲　交友之道

学习目标

1. 了解孟子对交友之道的相关阐述,并理解其交友目的、交友原则、交友标准方面的主张。

2. 认识孟子的"友德"思想和"尚友"之道对于今天我们与人交往、健全人格的借鉴意义和现实意义。

导读提示

在古代,朋友关系也是受人们重视的一种人伦关系。孔子就主张交朋友要有益于修养自身德行,他说"毋友不如己者""益者三友,损者三友"。孟子也曾和他的弟子万章讨论过这方面的问题。孟子主张,交友就是要交那些贤德之人而不可有所倚仗;交友过程中最重要的一点是要"敬"而不是"不恭";交友的对象应锁定在"善士"上,如果要再扩大范围,那就得和古往今来的杰出人物交朋友,向古人学习。本讲节选的相关章节,阐述了孟子关于交友的目的、交友的标准和交友的原则等重要思想,仔细阅读体会,或许我们能有更多的收获。

原文精读

选文 1:友其德也

万章问曰:"敢问友。"

孟子曰:"不挟长,不挟贵,不挟兄弟而友。友也者,友其德也,不可以有挟也。孟献子①,百乘之家也,有友五人焉:乐正裘,牧仲,其三人,则予忘之矣。献子之与此五人者友也,无献子之家者也②。此五人者,亦有献子之家③,则不与之友矣。非惟百乘之家为然也,虽小国之君亦有之。费惠公曰④,'吾于子思,则师之矣;吾于颜般,则友之矣;王顺、长息则事我者也。'非惟小国之君为然也,虽大国之君亦有之。晋平公之于亥唐也⑤,入云则入,坐云则坐,食云则食⑥;虽蔬食菜羹⑦,未尝不饱,盖不敢不饱也。然终于此而已矣。弗与共天位也,弗与治天职也,弗与食天禄也,士之尊贤者也,非王公之尊贤也。舜尚见帝⑧,帝馆甥于贰室⑨,亦飨舜,迭为宾主,是天子而友匹夫也。用下敬上⑩,谓之贵贵;用上敬下,谓之尊贤。贵贵尊贤,其义一也。"

（选自《孟子·万章下》）

①孟献子:即鲁国大夫仲孙蔑,"献"是他的谥号。②无献子之家:有二说。一理解为没有献子这样的家产;二理解为对献子的家产"视之若无",不当回事。③有献子之家:看重献子的家产。④费:国名,春秋时小国,旧地在今山东鱼台西南费亭。⑤亥唐:人名,晋贤人。晋平公时,朝中多贤臣,但亥唐不愿为官,隐居穷巷,平公曾对他"致礼与相见而请事"(《太平御览》引《高士传》),非常敬重。⑥入云、坐云、食云:是"云入""云坐""云食"的倒语。⑦蔬食:粗糙的饮食。蔬,同"疏"。⑧尚:同"上"。⑨甥:古时称妻子的父亲叫外舅,所以女婿也称"甥",舜是尧帝的女婿。贰室:副宫。⑩用:以。

万章问道:"请问交朋友的原则。"

孟子说:"不倚仗年龄大,不倚仗地位高,不倚仗兄弟的势力去交朋友。交朋友,交的是品德,不能够有什么倚仗。孟献子拥有百辆车马的领地,他有五位朋友:乐正裘、牧仲,其余三位,我忘记了。献子与这五人交朋友,他们都不把孟献子的家产当回事,如果这五位人很看重献子的家产,献子就不和他们交朋友了。不仅具有百辆车马的大夫有这样的,就是小国的国君也有这样的。费惠公说:'我对于子思,把他尊为老师;我对于颜般,和他交为朋友;至于王顺和长息,不过是侍奉我的人罢了。'不仅小国的国君有这样的,就是大国的国君也有这样的。

晋平公对待亥唐,亥唐叫他进去就进去,叫他坐就坐,叫他吃就吃。即使是糙饭菜汤,也没有不吃饱的,因为不敢不吃饱。不过,晋平公也就是做到这一步而已。不同他一起共列官位,不同他一起治理政事,不同他一起享受俸禄,这只是一般士人尊敬贤者的态度,而不是王公贵族尊敬贤者的态度。从前舜去拜见尧帝,尧安排他的这位女婿住在副宫中,也请他吃饭,二人互为宾主。这是天子与普通百姓交朋友的范例。地位低下的人尊敬地位高贵的人,这叫尊敬贵人;地位高贵的人尊敬地位低下的人,这叫尊敬贤人。尊敬贵人和尊敬贤人,道理都是一样的。"

选文2:知人论世

　　孟子谓万章曰:"一乡之善士斯友一乡之善士,一国之善士斯友一国之善士,天下之善士斯友天下之善士。以友天下之善士为未足,又尚论古之人①。颂其诗②,读其书,不知其人,可乎? 是以论其世也。是尚友也。"

(选自《孟子·万章下》)

▶ **注释**

　　①尚:同"上",追溯。②颂:同"诵"。

▶ **译文**

　　孟子对万章说:"一个乡的优秀人物就和一个乡的优秀人物交朋友,一个国家的优秀人物就和一个国家的优秀人物交朋友,天下的优秀人物就和天下的优秀人物交朋友。如果认为和天下的优秀人物交朋友还不够,便又上溯讨论古代的优秀人物。吟咏他们的诗,读他们的书,不知道他们到底是什么人,这样可以吗? 所以要研究他们所处的社会时代。这就是追溯历史与古人交朋友。"

语言积累

1. 解释下列加点实词的意思。

　　(1) 不挟长(　　　　　)　　　　(2) 则师之矣(　　　　　)

　　(3) 帝馆甥于贰室(　　　　　)　　(4) 亦飨舜(　　　　　)

（5）贵贵尊贤（　　　　　）　　　　　（6）是以论其世也（　　　　　　）

2. 解释下列加点虚词的用法和意义。

（1）不挟兄弟而友（　　　　）　　　　（2）用下敬上（　　　　　）

（3）一乡之善士斯友一乡之善士（　　　　　　）

梳理领悟

1. 结合选文《友其德也》谈谈你对孟子所说的交友之道的理解。

2. 结合两篇选文，谈谈孟子对于交友的认识。

评析鉴赏

1.《友其德也》一文列举了大量交友方面的事例，但不显得累赘，试加以分析。

2. 有人说，孟子《知人论世》一文对后世真正发生影响的，是"知人论世"的主张，请查阅"知人论世"的相关资料并简要评析。

探究表达

1.《论语》中有关于交友的论述有很多，请从中摘录5条，并就其中一条谈谈你的读后感，300字左右。

2. 阅读以下材料，按要求写作。

　　　人人都需要朋友，但交什么样的朋友却成了人们经常争论的话题。孔子认为要交"贤于己者"，而现实生活中有人愿意和"与自己差不多的人"交朋友，也有人喜欢和"不如自己的人"交朋友。

　　　上面的材料引发了你怎样的思考？请写篇文章谈谈你的体验或看法，不少于800字。

拓展阅读

1

　　孟子曰："君子之厄于陈蔡之间，无上下之交也。"

（选自《孟子·尽心下》）

▶ **译文**

孟子说:"孔子在陈国、蔡国之间被困,是由于跟这两国的君臣没有交往的缘故。"

2

逢蒙学射于羿,尽羿之道,思天下惟羿为愈己,于是杀羿。孟子曰:"是亦羿有罪焉。"

公明仪曰:"宜若无罪焉。"

曰:"薄乎云尔,恶得无罪?郑人使子濯孺子侵卫,卫使庾公之斯追之。子濯孺子曰:'今日我疾作,不可以执弓,吾死矣夫!'问其仆曰:'追我者谁也?'其仆曰:'庾公之斯也。'曰:'吾生矣。'其仆曰:'庾公之斯,卫之善射者也;夫子曰吾生,何谓也?'曰:'庾公之斯学射于尹公之他,尹公之他学射于我。夫尹公之他,端人也,其取友必端矣。'庾公之斯至,曰:'夫子何为不执弓?'曰:'今日我疾作,不可以执弓。'曰:'小人学射于尹公之他,尹公之他学射于夫子。我不忍以夫子之道反害夫子。虽然,今日之事,君事也,我不敢废。'抽矢,扣轮,去其金,发乘矢而后反。"

（选自《孟子·离娄下》）

▶ **译文**

逢蒙跟羿学射箭,学得了羿的技巧后,他便想,天下只有羿的箭术比自己强了,于是便杀死了羿。孟子说:"这事也有羿自己的罪过。"

公明仪说:"羿不该有什么罪过吧。"

孟子说:"罪过不大罢了,怎么能说没有呢?从前郑国派子濯孺子侵入卫国,卫国派庾公之斯追击他。子濯孺子说:'今天我的病发作了,不能够拿弓,我死定了!'又问给他驾车的人:'追我的人是谁呀?'驾车的人答道:'是庾公之斯。'子濯孺子便说:'那我不会死了。'给他驾车的人说:'庾公之斯是卫国著名的射手,先生反而说能活了,这是为什么呢?'子濯孺子说:'庾公之斯是向尹公之他学的射箭,尹公之他是向我学的射箭。那尹公之他是个正直的人,他所选择的朋友也一定正直。'庚公之斯追上来了,问:'先生为什么不拿弓呢?'子濯孺子说:'今天我疾病发作,不能够拿弓。'庚公之斯说:'我跟尹公之他学射箭,尹公之他又跟您学射箭。我不忍心用您的箭术反过来害您。不过,今天这事是国家的公事,我不敢不做。'于是抽出箭,在车轮上敲打了几下,把铜箭头敲掉,发了四箭然后就回去了。"

3

孟子曰:"居下位而不获于上,民不可得而治也。获于上有道,不信于友,弗获于上矣。信于友有道,事亲弗悦,弗信于友矣。悦亲有道,反身不诚,不悦于亲矣。诚身有道,不明乎善,不诚其身矣。是故诚者,天之道也;思诚者,人之道也。至诚而不动者,未之有也;不诚,未有能动者也。"

(选自《孟子·离娄上》)

▶ 译文

孟子说:"在下位的人,如果得不到在上位的人信任,就不可能治理好平民百姓。得到在上位的人信任有办法:得不到朋友的信任就得不到在上位的人信任。得到朋友的信任有办法:侍奉父母,不能够使父母高兴,就不能够得到朋友的信任。使父母高兴有办法:自己不真诚就不能够使父母高兴。使自己真诚有办法:不明白什么是善就不能够使自己真诚。所以,真诚是上天的原则,追求真诚是做人的原则。极端真诚而不能够使人感动的,是没有过的;不真诚是不能够感动人的。"

4

公都子曰:"匡章,通国皆称不孝焉,夫子与之游,又从而礼貌之,敢问何也?"

孟子曰:"世俗所谓不孝者五:惰其四支,不顾父母之养,一不孝也;博弈好饮酒,不顾父母之养,二不孝也;好货财,私妻子,不顾父母之养,三不孝也;从耳目之欲,以为父母戮,四不孝也;好勇斗狠,以危父母,五不孝也。章子有一于是乎?夫章子,子父责善而不相遇也。责善,朋友之道也;父子责善,贼恩之大者。夫章子,岂不欲有夫妻子母之属哉? 为得罪于父,不得近,出妻屏子,终身不养焉。其设心以为不若是,是则罪之大者,是则章子而已矣。"

（选自《孟子·离娄下》）

▶ 译文

公都子说:"匡章这个人,是全齐国人都说的不孝之人。先生却跟他交游,又很礼貌地待他,冒昧地问这是为什么?"

孟子说:"一般人所说的不孝有五种情况:四肢懒惰,不管父母的赡养,这是第一种不孝;喜欢赌博又好酗酒,不管父母的赡养,这是第二种不孝;喜欢财物,偏爱妻子儿女,不管父母的赡养,这是第三种不孝;放纵耳朵和眼睛的欲望,给父母带来羞辱,这是第四种不孝;逞能显勇而斗狠,以危及连累父母,这是第五种不孝。匡章有哪一种情况呢? 这个匡章,是因为父子之间相互以善相责而导致关系恶化。以善相责,本是交友之道;父子间以善相责,最伤害感情。这个匡章,难道不想有夫妻母子之间的感情吗? 只因得罪了父亲,被疏远而不能亲近;因此才离弃妻子儿女,终身不要他们奉养。他的用心,认为如果不这样做,那不孝之罪就会更大,这就是匡章的真实情况。"

5

万章问曰:"敢问交际何心也?"

孟子曰:"恭也。"

曰:"'却之却之为不恭',何哉?"

曰:"尊者赐之,曰,'其所取之者义乎,不义乎?'而后受之,以是为不恭,故弗却也。"

曰:"请无以辞却之,以心却之,曰,'其取诸民之不义也',而以他辞无受,不可乎?"

曰:"其交也以道,其接也以礼,斯孔子受之矣。"

万章曰:"今有御人于国门之外者,其交也以道,其馈也以礼,斯可受御与?"

曰:"不可。《康诰》曰:'杀越人于货,闵不畏死,凡民罔不憝。'是不待教而诛者也。殷受夏,周受殷,所不辞也;于今为烈,如之何其受之?"

曰:"今之诸侯取之于民也,犹御也。苟善其礼际矣,斯君子受之,敢问何说也?"

曰:"子以为有王者作,将比今之诸侯而诛之乎? 其教之不改而后诛之乎? 夫谓非其有而取之者盗也,充类至义之尽也。孔子之仕于鲁也,鲁人猎较,孔子亦猎较。猎较犹可,而况受其赐乎?"

曰:"然则孔子之仕也,非事道与?"

曰:"事道也。"

"事道奚猎较也?"

曰:"孔子先簿正祭器,不以四方之食供簿正。"

曰:"奚不去也?"

曰:"为之兆也。兆足以行矣,而不行,而后去,是以未尝有所终三年淹也。孔子有见行可之仕,有际可之仕,有公养之仕。于季桓子,见行可之仕也;于卫灵公,际可之仕也;于卫孝公,公养之仕也。"

(选自《孟子·万章下》)

▶ 译文

万章问道:"请问交际时应当持有什么心态?"

孟子答道:"应当心存恭敬。"

万章说:"常言道:'一再拒绝人家的礼物,这是不恭敬。'为什么呢?"

孟子说:"尊贵的人有所赐予,自己就先想:'他取得这些礼物是合乎道义的还是不合道义的呢?'想了以后才接受,这就是不恭敬,因此不要拒绝。"

万章说:"拒绝他的礼物,不直白地说出来,只是心里不接受罢了。心里想:'这些是他取自百姓的不义之财啊!'因而用别的借口拒绝接受这礼物,难道不可以吗?"

孟子说:"他按规矩和我交往,依照礼节和我接触,这样,孔子也会接受礼物的。"

万章说:"现有一个在国都城门外拦路打劫的人,也依规矩和我交往,也按礼节向我馈赠,这种赃物也可以接受吗?"

孟子说："不可以。《康诰》说：'抢劫杀人，横暴不怕死，这种人，是没人不痛恨的。'这是不必事先教育就可诛杀的。殷商接受了夏的这条法律，周接受了殷商的这条法律，没有更改。现在抢劫杀人更为严重，怎么能接受呢？"

万章说："今天这些诸侯，他们的财物取自民间，也和拦路打劫差不多。如果把交际的礼节搞好些，君子也就接受了，请问这又是什么道理呢？"

孟子说："你认为若是圣王兴起，对于今天的诸侯，是同等看待一律诛杀呢，还是先行教育，如不改悔，再行诛杀呢？而且，不是自己所有而去取得它叫抢劫，只是提到原则高度才这么说。孔子在鲁国做官时，鲁国人争夺猎物，孔子也参与争夺猎物。争夺猎物都可以，何况接受赠礼呢？"

万章说："那么孔子做官，不是为着行道吗？"

孟子说："是为行道啊。"

万章说："既然为行道做官，为什么又争抢猎物呢？"

孟子说："孔子先用文书规定祭祀所用的器物和祭品，不用别处的食物来供祭祀。争夺猎物原本为了祭祀，既然不能用来供祭祀用，就无所用之，争夺猎物的风气就渐渐淡化了。"

万章说："孔子为什么不辞官而去呢？"

孟子说："孔子做官，先得尝试一下。尝试的结果，他的主张可以行得通，而君主不肯实行下去，自己就离开，所以孔子做官都不曾到过三年。孔子做官有的是因为有可能行道，也有的是因为国君对他的礼遇不错，还有是因为国君养贤做得好。在鲁国季桓子手下做官，是因为有可能行道；在卫灵公那里做官，是因为礼遇不错；在卫孝公那里做官，是因为国君养贤。"

第八讲　尽心知性

学习目标

1. 了解孟子关于"心""性"的相关阐述,并理解"心""性"的含义。

2. 认识孟子的心性论对于今天我们修炼成为有理性思维和道德高尚、脱离低级趣味的人的借鉴意义。

导读提示

　　孟子在中国文化中最大的贡献是性善说的提出,他强调"乃若其情,则可以为善矣",意为就人情的表现来看,人性是可以为善的。而"心"为何物?孟子强调"心之官则思",即人有了"心",有了思考能力,才能"立乎其大者",才能"为大人"。具体来说,人的"心"在道德层面可以展开为"四心",即恻隐之心、羞恶之心、恭敬之心和是非之心。孟子还认为,人心规定人性,人性是现实化和扩大化的人心。既然人有爱心,那么人的本性就是善良的。善良的人心人性加上"四心",方能达到"知天""立命"的人生境界。读本讲《孟子》中关于"心""性"的阐述,一定要结合如何培养自身的道德修养的思考来深入体会。

选文1:性可以为善

　　公都子曰:"告子曰:'性无善无不善也。'或曰:'性可以为善,可以为不善。是故文武兴①,则民好善;幽厉兴②,则民好暴。'或曰:'有性善,有性不善。是故以尧为君而有象③；以瞽瞍为父而有舜④；以纣为兄之子，且以为君，而有微子启、王子比干⑤。'今曰'性善'，然则彼皆非与？"

孟子曰："乃若其情⑥，则可以为善矣，乃所谓善也。若夫为不善，非才之罪也⑦。恻隐之心⑧，人皆有之；羞恶之心，人皆有之；恭敬之心，人皆有之；是非之心，人皆有之。恻隐之心，仁也；羞恶之心，义也；恭敬之心，礼也；是非之心，智也。仁义礼智，非由外铄我也⑨，我固有之也，弗思耳矣。故曰，'求则得之，舍则失之。'或相倍蓰而无算者⑩，不能尽其才者也。《诗》曰：'天生蒸民，有物有则。民之秉彝，好是懿德⑪。'孔子曰：'为此诗者，其知道乎！故有物必有则；民之秉彝也，故好是懿德。'"

（选自《孟子·告子上》）

▶ **注释**

①文武：指周文王、周武王，二人都是圣明之君。②幽厉：指周幽王、周厉王，周代两个暴君。③象：人名，舜的同父异母弟，品德不好，曾想害死舜。④瞽（gǔ）瞍（sǒu）：人名，舜的父亲，其人不善，曾和象一起谋害舜。⑤微子启、王子比干：人名，都是历史上有名的贤人。微子启是商纣王的哥哥，王子比干是商纣王的叔父。⑥情：这里指人性，情是性的表现。⑦才：同"材"，材质，资质。⑧恻隐：同情，怜悯。⑨铄：用火熔化金属，这里是强加、灌输的意思。⑩倍：一倍。蓰：五倍。无算：难以计算。⑪天生蒸民……好是懿德：见于《诗经·大雅·烝民》。蒸民，《诗经》作"烝民"，众民。物，事。则，法则。秉，持。彝，常规。好，喜欢。

▶ **译文**

公都子说："告子说：'人性无所谓善良不善良。'又有人说：'人性可以使它善良，也可以使它不善良。所以周文王、周武王当朝，老百姓就善良；周幽王、周厉王当朝，老百姓就横暴。'也有人说：'有的人本性善良，有的人本性不善良。所以虽然有尧这样善良的人做天子却有象这样不善良的臣民；虽然有瞽瞍这样不善良的父亲却有舜这样善良的儿子；虽然有殷纣王这样不善良的侄儿，并且做了天子，却也有微子启、王子比干这样善良的长辈和贤臣。'如今老师说'人性本善'，那么他们都说错了吗?"

孟子说:"就人情的表现来看,那人性是可以为善的,这就是我说人性本善的意思。至于说有些人不善良,那不能归罪于天生的资质。同情心,人人都有;羞耻心,人人都有;恭敬心,人人都有;是非心,人人都有。同情心就是仁,羞耻心就是义,恭敬心就是礼,是非心就是智。这仁义礼智都不是由外在的因素加给我的,而是我本身固有的,只不过平时没有去想它因而不觉得罢了。所以说:'探求就可以得到,放弃便会失去。'人与人之间有相差一倍、五倍甚至无数倍的,正是由于没有充分发挥他们天生资质的缘故。《诗经》说:'上天生育了人类,万事万物都有法则。老百姓秉持着这些法则,就会崇尚美好的品德。'孔子说:'写这首诗的人真懂得道理啊! 有事物就一定有法则;老百姓掌握了这些法则,所以崇尚美好的品德。'"

选文 2:立乎心之大体

公都子问曰:"钧是人也①,或为大人,或为小人,何也?"

孟子曰:"从其大体为大人,从其小体为小人②。"

曰:"钧是人也,或从其大体,或从其小体,何也?"

曰:"耳目之官不思③,而蔽于物。物交物④,则引之而已矣。心之官则思,思则得之,不思则不得也。此天之所与我者⑤。先立乎其大者,则其小者弗能夺也。此为大人而已矣。"

(选自《孟子·告子上》)

▶ 注释

①钧:同"均",同。②从:随,此指注重。大体、小体:指《孟子·告子上》所说"体有贵贱有大小"的"大小"。③官:器官。④物交物:前一个"物"指耳目,后一个"物"指其他物体。⑤此:既是指作为思维器官的心与思维能力,又是指思考的内容——理义、"四心"。

▶ 译文

公都子问道:"同样是人,有的成为君子,有的成为小人,这是为什么呢?"

孟子说："顺从心的欲求的成为君子,顺从耳目等感官欲求的成为小人。"

公都子说："同样是人,有的人顺从心的欲求,有的人顺从耳目等感官的欲求,这又是为什么呢?"

孟子说："眼睛耳朵这类器官不会思考,所以被外物所蒙蔽。耳目一与外物相接触,便容易被引入迷途。心这个器官则有思考的能力,一思考就会有所得,不思考就得不到。这是上天特意赋予我们人类的。所以,首先把心这个身体的重要部分树立起来,其他次要部分就不会被引入迷途。这样便可以成为君子了。"

语言积累

1. 解释下列加点实词的意思。

（1）我固有之也（　　　　　）　（2）或相倍蓰而无算者（　　　　　）

（3）好是懿德（　　　　　）　（4）或为大人（　　　　　）

（5）则引之而已矣（　　　　　）　（6）此天之所与我者（　　　　　）

2. 解释下列加点虚词的用法和意义。

（1）是故以尧为君而有象（　　　　　）　（2）乃若其情（　　　　　）

（3）而蔽于物（　　　　　）　（4）则引之而已矣（　　　　　）

梳理领悟

1. 有人表现的不是人性善良的一面,而是人性丑恶的一面,对于这一现象,孟子在《性可以为善》一文中是怎样解释的?

2. 在个人修养的问题上,《立乎心之大体》提出了"大体"和"小体"的概念,请简要谈谈二者的区别和联系。

评析鉴赏

1.《性可以为善》第二段中孟子是如何给公都子阐述"性善论"的?

2.《立乎心之大体》一文孟子是如何引出"心之大体"的思想的?

探究表达

1. 《孟子》书中多次提到"恻隐之心",孟子认为"无恻隐之心,非人也",结合本讲所选材料,谈谈你对"恻隐之心"的认识。

2. 阅读下面的材料,请以"有一种温暖来自自身"为题目,自选角度,写一篇不少于800字的文章。

    我们总以为,一切温暖来自我们体外,比如太阳、火炉。殊不知,我们的心就是一颗太阳,一只火炉。当我们处于寒冷、孤独、寂寞中的时候,我们也可以自己温暖自己。

拓展阅读

1

    孟子曰:"尽其心者,知其性也。知其性,则知天矣。存其心,养其性,所以事天也。夭寿不贰,修身以俟之,所以立命也。"

(选自《孟子·尽心上》)

 译文

    孟子说:"充分发挥自己的本心,就知道人的本性了。知道人的本性,就知道天命。保持人的本心,涵养本性,这就是对待天命的方法。无论短命还是长寿都一心一意地修身以等待天命,这就是安身立命的方法。"

2

    故曰,口之于味也,有同耆焉;耳之于声也,有同听焉;目之于色也,有同美焉。至于心,独无所同然乎?心之所同然者何也?谓理也,义也。圣人先得我心之所同然耳。故理义之悦我心,犹刍豢之悦我口。

(选自《孟子·告子上》)

▶ 译文

所以说，口对于味道有相同的嗜好；耳朵对于声音，有相同的听觉；眼睛对于容颜，有相同的美感。谈到心，就独独没有相同之处吗？心的相同之处是什么呢？是理，是义。圣人早就懂得了我们内心相同的理义。所以理义使我心高兴，正如猪狗牛羊肉合乎我的口味一样。

3

告子曰："性犹杞柳也，义犹杯棬也；以人性为仁义，犹以杞柳为杯棬。"

孟子曰："子能顺杞柳之性而以为杯棬乎？将戕贼杞柳而后以为杯棬也？如将戕贼杞柳而以为杯棬，则亦将戕贼人以为仁义与？率天下之人而祸仁义者，必子之言夫！"

（选自《孟子·告子上》）

▶ 译文

告子说："人的本性好比杞柳树，义好比杯子，说人的本性就是仁义，正好比说杞柳树就是杯子一样。"

孟子说："您是顺着杞柳树的本性来制成杯子呢，还是毁伤杞柳树来制成杯子呢？如果要毁伤杞柳树而后制成杯子，那不也要毁伤人的本性来使人具有仁义之德吗？率领天下的人来损害仁义的，一定是您这种学说吧！"

4

告子曰："性犹湍水也，决诸东方则东流，决诸西方则西流。人性之无分于善不善也，犹水之无分于东西也。"

孟子曰："水信无分于东西，无分于上下乎？人性之善也，犹水之就下也。人无有不善，水无有不下。今夫水，搏而跃之，可使过颡；激而行之，可使在山。是岂水之性哉？其势则然也。人之可使为不善，其性亦犹是也。"

（选自《孟子·告子上》）

▶ 译文

　　告子说："人性就像那急流的水，缺口在东便向东方流，缺口在西便向西方流。人性无所谓善与不善，就像水无所谓向东流向西流一样。"

　　孟子说："水的确无所谓向东流向西流，但是，也无所谓向上流向下流吗？人性向善，就像水往低处流一样。人性没有不善良的，水没有不向低处流的。当然，如果水受拍打而飞溅起来，能使它高过额头；加压迫使它倒行，能使它流上山岗。这难道是水的本性吗？是形势迫使它如此的。人可以让他做坏事，本性的改变也像这样。"

<h1 style="text-align:center">5</h1>

　　告子曰："生之谓性。"

　　孟子曰："生之谓性也，犹白之谓白与？"

　　曰："然。"

　　"白羽之白也，犹白雪之白；白雪之白犹白玉之白与？"

　　曰："然。"

　　"然则犬之性犹牛之性，牛之性犹人之性与？"

（选自《孟子·告子上》）

▶ 译文

　　告子说："天生的资质叫作性。"

　　孟子说："天生的资质叫作性，好比一切白色的东西叫作白吗？"

　　告子答道："正是。"

　　孟子问道："白羽毛的白犹如白雪的白，白雪的白犹如白玉的白吗？"

　　告子答道："正是。"

　　孟子说："那么，狗性如牛性，牛性如人性吗？"

6

告子曰:"食色,性也。仁,内也,非外也;义,外也,非内也。"

孟子曰:"何以谓仁内义外也?"

曰:"彼长而我长之,非有长于我也;犹彼白而我白之,从其白于外也,故谓之外也。"

曰:"异于白马之白也,无以异于白人之白也;不识长马之长也,无以异于长人之长与? 且谓长者义乎? 长之者义乎?"

曰:"吾弟则爱之,秦人之弟则不爱也,是以我为悦者也,故谓之内。长楚人之长,亦长吾之长,是以长为悦者也,故谓之外也。"

曰:"耆秦人之炙,无以异于耆吾炙,夫物则亦有然者也,然则耆炙亦有外欤?"

(选自《孟子·告子上》)

▶ 译文

告子说:"饮食男女之欲,这是人的本性。仁是内在的东西不是外在的东西,义是外在的东西不是内在的东西。"

孟子说:"什么叫仁是内在的东西,义是外在的东西呢?"

告子说:"他年纪大我就尊敬他,尊敬长者之心不是我所固有;这好比外物是白的,我便认为它是白的,这是因为外物的白被我认识的缘故,所以说是外在的东西。"

孟子说:"白马的白和白皮肤人的白或许没有不同,但不知对老马的怜悯心和对老人的尊敬心,有没有不同? 而且,您说说,所谓义,是在于老者呢,还是在于尊敬老者的人呢?"

告子答:"是我的弟弟就爱他,是秦国人的弟弟就不爱他,这是因为我自己喜爱的缘故才这样,所以说仁是内在的东西。恭敬楚国的老者,也恭敬我自己的老者,是因为外在的老者的缘故才这样,所以说义是外在的东西。"

孟子说:"喜欢吃秦国人的烤肉,和喜欢吃自己的烤肉无所不同,各种事物也有这样的情形。那么,难道喜欢吃烤肉的心也是外在的东西吗? 这不和您所说的饮食男女是人的本性的论点相矛盾吗?"

第九讲　不可无耻

学习目标

1. 了解孟子关于"耻""羞"的相关阐述,并理解"耻""羞"的含义。
2. 认识孟子提出的"耻"为仁义之端的思想在当今社会具有的深远意义。

导读提示

　　在中国传统文化中,有一块值得我们重视的领域,这便是耻感文化。"耻",古作"恥",《说文》曰:"辱也。从心,耳声。""耻"是人的好荣恶辱之心,是珍惜维护自身尊严而产生的情感意识,人知耻而为才能自觉地为善去恶、趋荣避辱。孟子认为"无羞恶之心,非人也""羞恶之心,义之端也","羞恶之心"其实就是指"耻"。在孟子看来,耻为义之端,一个人如果没有羞耻感了,那么也就不是人了。可见,耻是为人最基本的底线,作为人,首先要知耻。读《孟子》中关于耻的相关论述时,不仅要理解耻之于人的重要性,还要明白其于今天建设文明、和谐、诚信社会的借鉴意义。

选文1:人不可以无耻

　　孟子曰:"人不可以无耻,无耻之耻①,无耻矣②。"

　　孟子曰:"耻之于人大矣,为机变之巧者③,无所用耻焉。不耻不若人④,何若人有⑤?"

（选自《孟子·尽心上》）

▶ 注释

①无耻之耻：从没有羞耻之心到有羞耻之心。之，到，往。②无耻矣：没有羞耻的事情发生了。③为机变之巧者：诡诈、捣鬼之人。④不耻不若人：不以不如别人为耻辱。⑤何若人有："有何若人"的倒装，即有什么办法能赶上别人呢。

▶ 译文

孟子说："人不可以没有羞耻之心。从不知羞耻到知道羞耻，羞耻这种事情就不再会发生了。"

孟子说："羞耻之心对于人来说关系太重大了。善于做伪诈巧变事情的人，是没有地方用得着羞耻心的。不以赶不上别人为羞耻的人，有什么办法能赶上别人呢？"

选文2：齐人有一妻一妾

齐人有一妻一妾而处室者，其良人出①，则必餍酒肉而后反。其妻问所与饮食者，则尽富贵也。其妻告其妾曰："良人出，则必餍酒肉而后反；问其与饮食者，尽富贵也，而未尝有显者来，吾将瞷良人之所之也②。"

蚤起③，施从良人之所之④，遍国中无与立谈者⑤。卒之东郭墦间⑥，之祭者，乞其余；不足，又顾而之他——此其为餍足之道也。

其妻归，告其妾，曰："良人者，所仰望而终身也，今若此——"与其妾讪其良人⑦，而相泣于中庭，而良人未之知也，施施从外来⑧，骄其妻妾。

由君子观之，则人之所以求富贵利达者，其妻妾不羞也，而不相泣者，几希矣⑨。

（选自《孟子·离娄下》）

▶ 注释

①良人：丈夫。②瞷(jiàn)：偷看。③蚤：同"早"。④施(yí)从：斜行跟从，这里有偷随之意。⑤国：都城。⑥墦(fán)：坟墓。⑦讪(shàn)：怨谤。⑧施施：志得意满的样子。⑨几希：不多，一点儿。

　　齐国有个人和一妻一妾共同生活。丈夫每次外出，都是吃饱喝足才回家。妻子问跟他一起吃饭的都是些什么人，他就说都是有钱有地位的人。妻子对妾说："丈夫每次出去，都是酒醉饭饱才回家。问谁跟他在一起吃喝，都是有钱有地位的人。可是，从来也不曾见有显贵体面的人到家里来，我要暗中看看他到底去什么地方。"

　　第二天清早起来，妻子便拐弯抹角地跟踪丈夫。走遍整个都城，没有谁停下来与他打招呼交谈。最后他走到东城门外的坟墓中间，向那些扫墓的人乞讨残羹剩饭。不够，又四下里看看，到别的扫墓人那里乞讨。这就是他天天酒醉饭饱的方法。

　　妻子回去，把看到的一切告诉了妾，说："丈夫是我们指望依靠过一辈子的人。现在却是这个样子！"于是两人一起在院子里大骂丈夫，哭成一团。丈夫却一点也不知道，还得意扬扬地从外面回来，在妻妾面前大耍威风。

　　在君子看来，人们用来求取富贵腾达的手段，能使他们的妻妾不感到羞愧、不相对哭泣的，是很少的。

语言积累

1. 解释下列加点实词的意思。

　　（1）无耻之耻（　　　　）　　　　（2）为机变之巧者（　　　　）

　　（3）何若人有（　　　　）　　　　（4）则必餍酒肉而后反（　　　　）

　　（5）又顾而之他（　　　　）　　　　（6）所仰望而终身也（　　　　）

2. 解释下列加点虚词的用法和意义。

　　（1）耻之于人大矣（　　　　）　　　　（2）为机变之巧者（　　　　）

　　（3）吾将瞷良人之所之也（　　　　）

梳理领悟

1.《人不可以无耻》一文中的两段文字孟子分别是从什么角度来阐述"耻"的重

要性的?

2.《齐人有一妻一妾》结尾一段包含着怎样的寓意?

评析鉴赏

1. 两篇文章都在说"耻",但说理的方法不同,试加以比较分析。

2.《齐人有一妻一妾》中齐人先前去坟地之"乞"和得意扬扬回家之"骄"有强烈的讽刺效果,试加以分析。

探究表达

1. 读完《齐人有一妻一妾》这则故事,你觉得我们生活中有没有"齐人"? 你是如何看"齐人"的? 请写一段300字左右的读后感。

2. 阅读下面的材料,按要求写作。

名与利,是人之所欲也,不经求索得之,人生无味也。名利身外物,取舍在人心。名利圈似一座围城,是看淡名利在城外隐居,还是追名逐利在城中显达,这几乎是贯穿每个俗世中人一生的人生课题。

请以"走过名利圈"为题,联系实际,谈谈你的体会与思考,不少于800字。

拓展阅读

1

位卑而言高,罪也;立乎人之本朝,而道不行,耻也。

(选自《孟子·万章下》)

▶ 译文

地位低下而妄议国事,这是罪过;立于朝廷做官,自己的正确主张却不能推行,这是耻辱。

2

孟子曰："人皆有不忍人之心。先王有不忍人之心，斯有不忍人之政矣。以不忍人之心，行不忍人之政，治天下可运之掌上。所以谓人皆有不忍人之心者，今人乍见孺子将入于井，皆有怵惕恻隐之心——非所以内交于孺子之父母也，非所以要誉于乡党朋友也，非恶其声而然也。由是观之，无恻隐之心，非人也；无羞恶之心，非人也；无辞让之心，非人也；无是非之心，非人也。恻隐之心，仁之端也；羞恶之心，义之端也；辞让之心，礼之端也；是非之心，智之端也。人之有是四端也，犹其有四体也。有是四端而自谓不能者，自贼者也；谓其君不能者，贼其君者也。凡有四端于我者，知皆扩而充之矣，若火之始然，泉之始达。苟能充之，足以保四海；苟不充之，不足以事父母。"

（选自《孟子·公孙丑上》）

▶ 译文

孟子说："每个人都有怜悯体恤别人的心情。古代圣王有怜悯体恤别人的心，所以才有怜悯体恤百姓的政治。用怜悯体恤别人的心，施行怜悯体恤百姓的政治，治理天下就可以像在手掌心里面运转东西一样容易了。之所以说每个人都有怜悯体恤别人的心，是因为如果现在有人突然看见一个小孩要掉进井里面去了，必然会产生惊惧哀痛的心理——这不是因为要想去和这孩子的父母拉关系，不是因为要想在乡邻朋友中博取声誉，也不是因为厌恶这孩子的哭叫声才产生这种惊惧哀痛心理的。由此看来，没有同情心，简直不是人；没有羞耻心，简直不是人；没有谦让心，简直不是人；没有是非心，简直不是人。同情心是仁的发端，羞耻心是义的发端，谦让心是礼的发端，是非心是智的发端。人有这四种发端，就像有四肢一样。有了这四种发端却自认为不行的，是自暴自弃的人；认为他的君主不行的，是暴弃君主的人。凡是有这四种发端的人，知道都要扩大充实它们，就像火刚刚开始燃烧，泉水刚刚开始流淌。如果能够扩充它们，便足以安定天下；如果不能够扩充它们，就连赡养父母都成问题。"

3

　　陈子曰:"古之君子何如则仕?"

　　孟子曰:"所就三,所去三。迎之致敬以有礼,言,将行其言也,则就之。礼貌未衰,言弗行也,则去之。其次,虽未行其言也,迎之致敬以有礼,则就之。礼貌衰,则去之。其下,朝不食,夕不食,饥饿不能出门户,君闻之,曰,'吾大者不能行其道,又不能从其言也,使饥饿于我土地,吾耻之。'周之,亦可受也,免死而已矣。"

(选自《孟子·告子下》)

▶ 译文

　　陈子说:"古代的君子要怎样才出来做官?"

　　孟子说:"就职的情况有三种,离职的情况也有三种。有礼貌地恭敬来迎,对他的言论,又打算实行,便就职。礼貌虽未衰减,但言论已经不实行了,就离开。次一等的,虽然没有实行他的言论,但还是很有礼貌地恭敬相迎,也可就职。失礼,就离开。最下等的,早晨没有吃,黄昏也没有吃,饿得不能够走出住屋,君主知道了,便说:'从大的方面说,我不能实行他的学说,又不听从他的言论,使他在我的国土上饿肚子,我引以为耻。'于是周济他,这也可以接受,为了免于死亡罢了。"

4

　　齐宣王问曰:"交邻国有道乎?"

　　孟子对曰:"有。惟仁者为能以大事小,是故汤事葛,文王事昆夷。惟智者为能以小事大,故太王事獯鬻,勾践事吴。以大事小者,乐天者也;以小事大者,畏天者也。乐天者保天下,畏天者保其国。《诗》云:'畏天之威,于时保之。'"

　　王曰:"大哉言矣!寡人有疾,寡人好勇。"

　　对曰:"王请无好小勇。夫抚剑疾视曰,'彼恶敢当我哉!'此匹夫之勇,敌一人者也。王请大之！

　　“《诗》云：‘王赫斯怒，爰整其旅，以遏徂莒，以笃周祜，以对于天下。’此文王之勇也。文王一怒而安天下之民。

　　“《书》曰：‘天降下民，作之君，作之师，惟曰其助上帝宠之。四方有罪无罪惟我在，天下曷敢有越厥志？’一人衡行于天下，武王耻之。此武王之勇也。而武王亦一怒而安天下之民。今王亦一怒而安天下之民，民惟恐王之不好勇也。”

（选自《孟子·梁惠王下》）

▶ 译文

　　齐宣王问道：“和邻国交往有什么讲究吗？”

　　孟子回答说：“有。只有有仁德的人才能够以大国的身份侍奉小国，所以商汤侍奉葛国，周文王侍奉昆夷；只有有智慧的人才能够以小国的身份侍奉大国，所以周太王侍奉獯鬻，越王勾践侍奉吴王夫差。以大国身份侍奉小国的，是以天命为乐的人；以小国身份侍奉大国的，是敬畏天命的人。以天命为乐的人安定天下，敬畏天命的人安定自己的国家。《诗经》说：‘畏惧上天的威灵，因此才能够安定。’”

　　宣王说：“先生的话可真高深呀！不过，我有个毛病，就是逞强好勇。”

　　孟子说：“那就请大王不要好小勇。有的人动辄按剑瞪眼说：‘他怎么敢抵挡我呢？’这其实只是匹夫之勇，只能与个把人较量。希望大王能把勇扩大！

　　“《诗经》说：‘文王义愤激昂，发令调兵遣将，把侵略莒国的敌军阻挡，增添了周国的吉祥，不辜负天下百姓的期望。’这是周文王的勇。周文王一怒便使天下百姓都得到安定。

　　“《尚书》说：‘上天降生了老百姓，又替他们降生了君王，降生了师表，这些君王和师表的唯一责任，就是帮助上帝来爱护老百姓。所以，天下四方的有罪者和无罪者，都由我来负责，普天之下，何人敢超越上帝的意志呢？’所以，只要有一人在天下横行霸道，周武王便感到羞耻，这是周武王的勇。周武王也是一怒便使天下百姓都得到安定。如今大王如果也做到一怒便使天下百姓都得到安定，那么，老百姓就会唯恐大王不喜好勇了啊！”

5

梁惠王曰:"晋国,天下莫强焉,叟之所知也。及寡人之身,东败于齐,长子死焉;西丧地于秦七百里;南辱于楚。寡人耻之,愿比死者一洒之,如之何则可?"

孟子对曰:"地方百里而可以王。王如施仁政于民,省刑罚,薄税敛,深耕易耨;壮者以暇日修其孝悌忠信,入以事其父兄,出以事其长上,可使制梃以挞秦楚之坚甲利兵矣。

"彼夺其民时,使不得耕耨以养其父母。父母冻饿,兄弟妻子离散。彼陷溺其民,王往而征之,夫谁与王敌? 故曰:'仁者无敌。'王请勿疑!"

(选自《孟子·梁惠王上》)

▶ 译文

梁惠王说:"我们魏国,以前天下没有哪个国家比它更强大的了,这是老先生您所知道的。可是传到我手中,东边败给了齐国,我的长子也牺牲了;西边又丢失给秦国七百里地;南边被楚国欺侮,吃了败仗。对此我深感耻辱,想要为死难者洗恨雪耻,怎么办才好呢?"

孟子回答道:"百里见方的小国也能够取得天下。大王如果对百姓施行仁政,少用刑罚,减轻赋税,提倡深耕细作,勤除杂草;让年轻人在耕种之余学习孝亲、敬兄、忠诚、守信的道理,在家侍奉父兄,在外敬重尊长,这样,可以让他们拿起木棍打赢盔甲坚硬、刀枪锐利的秦楚军队了。

"他们秦、楚常年夺占百姓的农时,使百姓不能耕作来奉养父母,父母受冻挨饿,兄弟妻儿各自逃散。他们使自己的百姓陷入了痛苦之中,如果大王前去讨伐他们,谁能跟大王对抗呢? 所以说:'有仁德的人天下无敌。'大王请不要怀疑这个道理了。"

第十讲　以民为本

学习目标

1. 了解孟子关于"民本"思想的相关阐述,并理解"民本"思想的具体内涵。

2. 理解孟子提出的"民本"思想与仁政思想的关系,并认识其于当今治国安邦的借鉴意义。

导读提示

民本思想在中国早已萌芽,《尚书》有言"古我前后,罔不惟民之承保",将治国理政的根本视为"保民"。到了战国时期,孟子将这种民本思想推向了更为成熟系统的高度。孟子极力反对掠夺战争,高度重视人民的生存权;主张制民之产、大力改善民生;主张"民为贵,社稷次之,君为轻";主张与民同忧同乐。本讲所选《孟子》章节,选文1总论得民心者得天下,选文2则从与民同乐的角度诠释了孟子民本思想的一个侧面。拓展阅读所选章节或从君民关系谈"民本"问题,坚定而有震撼力,或从老年人的生活保障问题强调民生的重要性,说得具体而细致,或以尖锐讥讽之语劝诫齐王,显出仗义执言的气魄。读这些文字,当沉浸其中,细细体味。

原文精读

选文1:得其民者得天下

孟子曰:"桀纣之失天下也,失其民也;失其民者,失其心也。得天下有道:得其民,斯得天下矣;得其民有道:得其心,斯得民矣;得其心有道:所欲与之聚之,

所恶勿施,尔也。民之归仁也,犹水之就下、兽之走圹也①。故为渊驱鱼者,獭也②;为丛驱爵者③,鹯也④;为汤武驱民者,桀与纣也。今天下之君有好仁者,则诸侯皆为之驱矣。虽欲无王,不可得已。今之欲王者,犹七年之病求三年之艾也⑤。苟为不畜⑥,终身不得。苟不志于仁,终身忧辱,以陷于死亡。《诗》云:'其何能淑,载胥及溺⑦。'此之谓也。"

(选自《孟子·离娄上》)

▶ 注释

①圹:同"旷",旷野。②獭:水獭,以鱼为食。③爵:同"雀"。④鹯(zhān):一种似鹞的猛禽。⑤三年之艾:治病用的艾草,干的时间越长越好用。意味如果平时不准备,则难以立刻得到。⑥畜:同"蓄",储备。⑦其何能淑,载胥及溺:出自《诗经·大雅·桑柔》。意为那怎么能得到好的结果呢,只能是一起落水淹死罢了。载,则。胥,相与。

▶ 译文

孟子说:"夏桀、殷纣丧失天下,是因为失去了天下老百姓的支持;之所以失去了天下老百姓的支持,是因为失去了民心。取得天下是有方法的:得到天下老百姓的支持,就取得了天下。得到天下老百姓的支持是有方法的:获得了民心,就得到了天下老百姓的支持。获得民心是有方法的:他们想要的,就给他们并让他们积蓄起来,他们憎恶的,就不强加给他们,仅此而已。老百姓归附仁政,犹如水往低处流、野兽往旷野跑一样。所以,为深渊把鱼儿驱赶来的,是水獭;为丛林把鸟雀驱赶来的,是鹯鸟;为成汤、周武王把老百姓驱赶来的,是夏桀和殷纣。现今天下若有喜好仁德的国君,那么诸侯们都会为他把老百姓赶来,即使不想称王天下也是做不到的。现今那些要称王天下的人,好比患了七年的病要寻求干了三年的艾草来医治一样,假如不去积蓄,是一辈子也找不到的。如果无意于仁政,就会一辈子忧患受辱,以至陷入死亡的境地。《诗经》说:'他们怎么能得到好结果呀,只能同归于尽罢了。'说的就是这个意思。"

选文2：与民同乐

庄暴见孟子①，曰："暴见于王②，王语暴以好乐，暴未有以对也。"曰："好乐何如？"

孟子曰："王之好乐甚，则齐国其庶几乎！"

他日，见于王曰："王尝语庄子以好乐，有诸？"

王变乎色，曰："寡人非能好先王之乐也，直好世俗之乐耳。"

曰："王之好乐甚，则齐其庶几乎！今之乐由古之乐也。"

曰："可得闻与？"

曰："独乐乐③，与人乐乐，孰乐？"

曰："不若与人。"

曰："与少乐乐，与众乐乐，孰乐？"

曰："不若与众。"

"臣请为王言乐。今王鼓乐于此，百姓闻王钟鼓之声，管籥之音④，举疾首蹙頞而相告曰⑤：'吾王之好鼓乐，夫何使我至于此极也？父子不相见，兄弟妻子离散。'今王田猎于此，百姓闻王车马之音，见羽旄之美⑥，举疾首蹙頞而相告曰：'吾王之好田猎，夫何使我至于此极也？父子不相见，兄弟妻子离散。'此无他，不与民同乐也。

"今王鼓乐于此，百姓闻王钟鼓之声，管籥之音，举欣欣然有喜色而相告曰：'吾王庶几无疾病与，何以能鼓乐也？'今王田猎于此，百姓闻王车马之音，见羽旄之美，举欣欣然有喜色而相告曰：'吾王庶几无疾病与，何以能田猎也？'此无他，与民同乐也。今王与百姓同乐，则王矣。"

（选自《孟子·梁惠王下》）

▶ 注释

①庄暴：人名，齐国大臣，即下文提到的庄子。②见于王：被齐王召见。③乐（yuè）乐（lè）：欣赏音乐的快乐。前一个"乐"名词作动词，欣赏音乐；后一个"乐"，快乐。④钟鼓之声，管籥（yuè）之音：这里泛指音乐。管、籥，两种管乐器。⑤疾首蹙頞（è）：指忧愁的样子。頞，鼻梁。⑥羽旄：古代军旗的一种，用野鸡毛、

牦牛尾装饰旗杆。

▶ 译文

　　庄暴进见孟子，说："我被大王召见，大王告诉我他喜好音乐的事，我没有话应答。"接着问道："喜好音乐怎么样啊？"

　　孟子说："大王如果非常喜好音乐，那齐国恐怕就治理得很不错了！"

　　几天后，孟子在觐见齐王时问道："大王曾经和庄子谈论过爱好音乐，有这回事吗？"

　　齐王脸色一变，不好意思地说："我并不是喜好先王清静典雅的音乐，只不过喜好当下世俗流行的音乐罢了。"

　　孟子说："大王如果非常喜好音乐，那齐国恐怕就治理很不错了！在这件事上，现在的俗乐与古代的雅乐差不多。"

　　齐王说："能让我知道是什么道理吗？"

　　孟子说："独自一人欣赏音乐快乐，和他人一起欣赏音乐也快乐，哪个更快乐？"

　　齐王说："独自一人欣赏音乐不如与他人一起欣赏音乐快乐。"

　　孟子说："与少数人一起欣赏音乐快乐，与多数人一起欣赏音乐也快乐，哪个更快乐？"

　　齐王说："与少数人一起欣赏音乐不如与多数人一起欣赏音乐快乐。"

　　"请让我给大王讲讲什么是真正的快乐吧！假如大王在奏乐，百姓们听到大王鸣钟击鼓、吹箫奏笛的音声，都愁眉苦脸地相互诉苦说：'我们大王喜好音乐，为什么要使我们这般穷困呢？父亲和儿子不能相见，兄弟和妻儿分离流散。'假如大王在围猎，百姓们听到大王车马的喧嚣，见到华丽的仪仗，都愁眉苦脸地相互诉苦说：'我们大王喜好围猎，为什么要使我们这般穷困呢？父亲和儿子不能相见，兄弟和妻儿分离流散。'这没有别的原因，是由于不和民众一起娱乐的缘故。

　　"假如大王在奏乐，百姓们听到大王鸣钟击鼓、吹箫奏笛的音声，都眉开眼笑地相互告诉说：'我们大王大概没有疾病吧，要不怎么能奏乐呢？'假如大王在围猎，百姓们听到大王车马的喧嚣，见到华丽的仪仗，都眉开眼笑地相互告诉说：

'我们大王大概没有疾病吧,要不怎么能围猎呢?'这没有别的原因,是由于和民众一起娱乐的缘故。假如大王能和百姓们一起娱乐,那就可以成就王业,统一天下了。"

语言积累

1. 解释下列加点实词的意思。

（1）所恶勿施（　　　　　）　　（2）虽欲无王（　　　　　）

（3）其何能淑（　　　　　）　　（4）直好世俗之乐耳（　　　　　）

（5）举疾首蹙頞而相告（　　　　　）　　（6）今王田猎于此（　　　　　）

2. 解释下列加点虚词的用法和意义。

（1）桀纣之失天下也（　　　　　）　　（2）尔也（　　　　　）

（3）暴未有以对也（　　　　　）　　（4）何以能田猎也（　　　　　）

梳理领悟

1.《得其民者得天下》强调的是什么思想?联系实际,有什么现实意义?

2.《与民同乐》一文中,孟子为何认为齐宣王"好乐甚"则"齐庶几乎"呢?请根据文段,用自己的话来回答。

评析鉴赏

1. 分析《得其民者得天下》一文的论证思路。

2. "示现"是把非眼前的事物说得如在面前一样。《与民同乐》中孟子描述的两幅图景都采用了"示现"手法,试分析之。

探究表达

1. 孟子强调"民为贵,社稷次之,君为轻"。但他在《离娄下》中又说:"人之所以异于禽兽者几希,庶民去之,君子存之。"你觉得二者矛盾吗?

2. 阅读以下材料,自拟题目,自定立意,写一篇不少于800字的议论文。

　　作秀,是近年来媒体使用较为频繁的一个词,含有夸大其词和做表面文章的意思。比如最近见诸报端的一些新闻：某县县长酷暑期间帮助环卫工人扫大街；某市交警在烈日下列队半小时，恭候政委来给他们擦汗；某市公安局领导走上街头，替换一线民警值一天勤；某省长为响应低碳生活号召，带头骑车上班……

拓展阅读

1

孟子曰："民为贵，社稷次之，君为轻。是故得乎丘民而为天子，得乎天子为诸侯，得乎诸侯为大夫。诸侯危社稷，则变置。牺牲既成，粢盛既洁，祭祀以时，然而旱干水溢，则变置社稷。"

（选自《孟子·尽心下》）

▶ 译文

孟子说："百姓是最重要的，土谷之神次于百姓，君主的地位更要轻些。所以得到许多百姓的拥护就能做天子，得到天子信任就能做诸侯，得到诸侯信任就能做大夫。诸侯危害了国家，那就改立诸侯。祭祀用的牲畜是肥壮的，谷物是清洁的，又是按时祭祀的，然而还是干旱或水涝，那就改立土谷之神。"

2

梁惠王曰："寡人愿安承教。"

孟子对曰："杀人以梃与刃，有以异乎？"

曰："无以异也。"

"以刃与政，有以异乎？"

曰："无以异也。"

曰："庖有肥肉，厩有肥马，民有饥色，野有饿莩，此率兽而食人也。兽相食，且人恶之；为民父母，行政，不免于率兽而食人，恶在其为民父母也？仲尼曰：'始作俑者,其无后乎!'为其象人而用之也。如之何其使斯民饥而死也?"

（选自《孟子·梁惠王上》）

▶ **译文**

梁惠王说:"我乐于听取您的指教。"

孟子回答道:"用木棍打死人跟用刀杀死人,性质有什么不同吗?"

惠王说:"没有什么不同。"

孟子又问道:"用刀子杀死人跟用苛政害死人,有什么不同吗?"

惠王说:"没有什么不同。"

孟子说:"厨房里有肥嫩的肉,马棚里有壮实的马,可是老百姓面带饥色,野外有饿死的尸体,这如同率领着野兽来吃人啊!野兽自相残食,人们见了尚且厌恶,而身为百姓的父母,施行政事,却不免于率领野兽来吃人,这又怎能算是百姓的父母呢?孔子说过:'最初造出陪葬用的木偶土偶的人,该会断子绝孙吧!'这是因为木偶土偶像人的样子却被用来殉葬。这样尚且不可,那又怎么能让百姓们饥饿而死呢?"

3

孟子曰:"伯夷辟纣,居北海之滨,闻文王作,兴曰:'盍归乎来,吾闻西伯善养老者。'太公辟纣,居东海之滨,闻文王作,兴曰:'盍归乎来,吾闻西伯善养老者。'天下有善养老,则仁人以为己归矣。五亩之宅,树墙下以桑,匹妇蚕之,则老者足以衣帛矣。五母鸡,二母彘,无失其时,老者足以无失肉矣。百亩之田,匹夫耕之,八口之家足以无饥矣。所谓西伯善养老者,制其田里,教之树畜,导其妻子使养其老。五十非帛不暖,七十非肉不饱。不暖不饱,谓之冻馁。文王之民无冻馁之老者,此之谓也。"

（选自《孟子·尽心上》）

▶ **译文**

孟子说:"伯夷躲避纣王,隐居在北海之滨,听说周文王兴盛起来了,便起身说：'何不去归依啊！我听说西伯善于奉养长者。'姜太公躲避殷纣，居住在东海之滨，听说周文王兴起，便起身说：'何不去归依啊！我听说西伯善于奉养长者。'天下有善于奉养老人的人，仁人便把他当作自己要投奔的人了。五亩的住宅地，墙下栽上桑树，妇女用它养蚕，老人就完全能穿上丝绵衣了。养五只母鸡、两只母猪，不错过它们的繁殖时期，老人就完全不会缺肉吃了。一百亩的耕地，由男子耕种，八口之家就完全不会有饥饿了。所谓西伯善于奉养老人，就在于他规定了百姓的田亩宅地，教育他们栽桑养畜，引导他的妻子儿女奉养老人。五十岁的人不穿丝绵就不暖，七十岁的人没有肉吃就不饱。不暖不饱，就叫挨冻受饿。文王的百姓中没有挨冻受饿的老人，说的就是这种情况。"

4

齐宣王问曰："文王之囿方七十里，有诸？"

孟子对曰："于传有之。"

曰："若是其大乎？"

曰："民犹以为小也。"

曰："寡人之囿方四十里，民犹以为大，何也？"

曰："文王之囿方七十里，刍荛者往焉，雉兔者往焉，与民同之。民以为小，不亦宜乎？臣始至于境，问国之大禁，然后敢入。臣闻郊关之内有囿方四十里，杀其麋鹿者如杀人之罪，则是方四十里为阱于国中。民以为大，不亦宜乎？"

（选自《孟子·梁惠王下》）

▶ 译文

齐宣王问孟子道："周文王的狩猎场，方圆有七十里，有这回事吗？"

孟子回答说："在史籍上有这样的记载。"

宣王又问："它真的像这样大吗？"

孟子说："老百姓还认为小呢。"

宣王说："我的狩猎场方圆只有四十里，老百姓还认为大了，这是为什么呢？"

孟子说："文王的狩猎场方圆七十里，割草打柴的去那里，猎取野鸡和兔子的人去那里，文王与老百姓共同享用它，老百姓认为小，不也是很合情理的吗？我刚到齐国边界的时候，打听了齐国的重大禁令，这样以后才敢进入。我听说齐国国都郊外，有一方圆四十里的狩猎场，杀了那里的麋鹿就像犯了杀人罪一样，那么这方圆四十里的地面，就是在国内设置了一个陷阱。老百姓认为太大了，不也是应该的吗？"

5

齐宣王见孟子于雪宫。王曰："贤者亦有此乐乎？"

孟子对曰："有。人不得，则非其上矣。不得而非其上者，非也；为民上而不与民同乐者，亦非也。乐民之乐者，民亦乐其乐；忧民之忧者，民亦忧其忧。乐以天下，忧以天下，然而不王者，未之有也。

"昔者齐景公问于晏子曰：'吾欲观于转附、朝儛，遵海而南，放于琅邪，吾何修而可以比于先王观也？'

"晏子对曰：'善哉问也！天子适诸侯曰巡狩。巡狩者，巡所守也。诸侯朝于天子曰述职。述职者，述所职也。无非事者。春省耕而补不足，秋省敛而助不给。夏谚曰："吾王不游，吾何以休？吾王不豫，吾何以助？一游一豫，为诸侯度。"今也不然：师行而粮食，饥者弗食，劳者弗息。睊睊胥谗，民乃作慝。方命虐民，饮食若流。流连荒亡，为诸侯忧。从流下而忘反谓之流，从流上而忘反谓之连，从兽无厌谓之荒，乐酒无厌谓之亡。先王无流连之乐，荒亡之行。惟君所行也。'

"景公说，大戒于国，出舍于郊。于是始兴发补不足。召大师曰：'为我作君臣相说之乐！'盖《徵招》《角招》是也。其诗曰：'畜君何尤？'畜君者，好君也。"

（选自《孟子·梁惠王下》）

▶ 译文

齐宣王在雪宫里接见孟子。宣王说："贤人也有在这样的别墅里居住游玩的快乐吗？"

孟子回答说："有。人们要是得不到这种快乐，就会埋怨他们的国君。得不到这种快乐就埋怨国君是不对的,可是作为老百姓的领导人而不与民同乐也是不对的。国君以老百姓的快乐为自己的快乐,老百姓就以国君的快乐为自己的快乐;国君以老百姓的忧愁为自己的忧愁,老百姓也会以国君的忧愁为自己的忧愁。以天下人的快乐为快乐,以天下人的忧愁为忧愁,这样还不能够使天下归服,是没有过的。

"从前齐景公问晏子说:'我想到转附、朝儛两座山去观光游览,然后沿着海岸向南行,一直到琅邪山。我该怎样做才能够和古代圣贤君王的巡游相比呢?'

"晏子回答说:'问得好呀! 天子到诸侯国家去叫作巡狩。巡狩就是巡视各诸侯所守疆土的意思。诸侯去朝见天子叫作述职。述职就是报告在他职责内的工作的意思。没有不和工作有关系的。春天里巡视耕种情况,对粮谷不够的给予补助;秋天里巡视收获情况,对歉收的给予补助。夏朝的谚语说:"我王不出来游历,我怎么能得到休息? 我王不出来巡视,我怎么能得到补助? 一游历一巡视,足以作为诸侯的法度。"现在可不是这样了,国君一出游就兴师动众,索取粮食,饥饿的人得不到粮食,劳苦的人得不到休息。大家侧目而视,怨声载道,违法乱纪的事情也就做出来了。这种出游违背天意,虐待百姓,大吃大喝如同流水一样浪费。真是流连荒亡,连诸侯们都为此而忧虑。什么叫流连荒亡呢? 从上游向下游的游玩乐而忘返叫作流,从下游向上游的游玩乐而忘返叫作连,打猎不知厌倦叫作荒,嗜酒不加节制叫作亡。古代圣贤君王既无流连的享乐,也无荒亡的行为。至于大王您的行为,只有您自己选择了。'

"齐景公听了晏子的话非常高兴,先在都城内做了充分的准备,然后驻扎在郊外。打开仓库赈济贫困的人从此而始。又召集乐官之长太师说:'给我创作一些君臣同乐的乐曲!'这就是《徵招》《角招》。其中的歌词说:'畜君有什么不对呢?'畜君,就是热爱国君的意思。"

第十一讲　王道仁政

学习目标

1. 通过深入研读《齐桓晋文之事》章,了解孟子的"王道""仁政"思想,并理解其"保民而王"的具体措施。

2. 认识孟子的仁政思想对于当下我们建设富强、民主、和谐社会的启示和借鉴意义。

导读提示

本讲精读所选篇目为《齐桓晋文之事》全章。《齐桓晋文之事》通过记录孟子游说齐宣王提出放弃霸道、施行王道的经过,比较系统地阐发了孟子的仁政主张。全文可以分成四个部分。第一部分从开始至"是以君子远庖厨也",肯定了齐宣王不忍见牛发抖是仁心的表现,指出这是实行王道的基础;第二部分从"王说曰"至"然后快于心与",主要讲孟子批评齐宣王不行"王道"是"不为"非"不能",并启发他应推广仁心;第三部分从"王曰:'否,吾何快于是?'"至"孰能御之",主要说明用武力称霸是靠不住的,只有发政施仁方能称霸,这部分孟子还描述了实施王道后的宏伟蓝图;第四部分从"王曰:'吾惛'"到最后,主要阐述施行王道的具体措施。选文1是本章的第一部分,选文2为本章的第二部分,拓展阅读第一篇是本章的其余部分。读此章,一定要注意孟子逻辑严密的说理,同时也要关注其迂回曲折、气势磅礴的艺术特色。

选文1:仁心足以王
——"齐桓晋文之事"之一

齐宣王问曰①:"齐桓、晋文之事可得闻乎②?"

孟子对曰:"仲尼之徒无道桓文之事者③,是以后世无传焉,臣未之闻也。无以④,则王乎⑤?"

曰:"德何如则可以王矣?"

曰:"保民而王⑥,莫之能御也。"

曰:"若寡人者,可以保民乎哉?"

曰:"可。"

曰:"何由知吾可也?"

曰:"臣闻之胡龁曰⑦,王坐于堂上,有牵牛而过堂下者,王见之,曰:'牛何之?'对曰:'将以衅钟⑧。'王曰:'舍之! 吾不忍其觳觫⑨,若无罪而就死地。'对曰:'然则废衅钟与?'曰:'何可废也? 以羊易之。'——不识有诸?"

曰:"有之。"

曰:"是心足以王矣。百姓皆以王为爱也⑩,臣固知王之不忍也。"

王曰:"然,诚有百姓者。齐国虽褊小⑪,吾何爱一牛? 即不忍其觳觫,若无罪而就死地,故以羊易之也。"

曰:"王无异于百姓之以王为爱也。以小易大,彼恶知之? 王若隐其无罪而就死地⑫,则牛羊何择焉⑬?"

王笑曰:"是诚何心哉? 我非爱其财而易之以羊也。宜乎百姓之谓我爱也。"

曰:"无伤也⑭,是乃仁术也,见牛未见羊也。君子之于禽兽也,见其生,不忍见其死;闻其声,不忍食其肉。是以君子远庖厨也⑮。"

(选自《孟子·梁惠王上》)

▶ 注释

①齐宣王:齐国国君,名辟疆。②齐桓、晋文:指齐桓公小白和晋文公重耳,春秋时先后称霸,为当时诸侯盟主。③仲尼之徒无道桓文之事者:儒家学派称道尧舜禹汤文武等"先王之道",不主张"霸道",所以孟子这样说。④无以:不得已。以,同"已",止。⑤王(wàng):用作动词,指王天下,即用王道(仁政)统一天下。⑥保:安抚,安定。⑦胡龁(hé):人名,齐王的近臣。⑧衅钟:古代新钟铸成,用牲畜的血涂在钟的缝隙中祭神求福,叫衅钟。衅,血祭。⑨觳(hú)觫(sù):恐惧颤抖的样子。⑩爱:吝啬。⑪褊(biǎn)小:土地狭小。⑫隐:哀怜。⑬择:区别,分

别。⑭无伤：没有什么关系。⑮庖厨：厨房。

▶ 译文

齐宣王问孟子说："齐桓公、晋文公称霸的事，可以讲给我听听吗？"

孟子回答说："孔子这些人中没有讲述齐桓公、晋文公的事情的人，因此后世没有流传。我没有听说过这事。如果不能不说，那么还是说说行王道的事吧！"

齐宣王说："要有什么样的德行，才可以称王于天下呢？"

孟子说："使人民安定就能称王，没有人可以抵御他。"

齐宣王说："像我这样的人，能够使百姓安定吗？"

孟子说："可以。"

齐宣王说："从哪里知道我可以呢？"

孟子说："我听胡龁说，您坐在大殿上，有个人牵牛从殿下走过。您看见这个人，问道：'要把牛牵到哪里去？'那人回答说：'准备用它的血来涂在新钟上行祭。'您说：'放了它！我不忍看到它那恐惧战栗的样子，好像没有罪过却走向死地。'那人回复道：'既然这样，那么需要废弃祭钟的仪式吗？'您说：'怎么可以废除呢？用羊来换它吧。'不知道有没有这件事？"

齐宣王说："有这事。"

孟子说："这样的心就足以称王于天下了。百姓都认为大王吝啬一头牛。诚然我知道您是出于于心不忍的缘故。"

齐宣王说："是的，的确有这样误解我的百姓。齐国虽然土地狭小，我怎么至于吝啬一头牛？就是因为不忍看它那恐惧战栗的样子，好像没有罪过却要走向死地，因此用羊去换它。"

孟子说："您不要对百姓认为您是吝啬的感到奇怪。以小的动物换下大的动物，他们怎么知道您的想法呢？您如果痛惜它没有罪过却要走向死地，那么牛和羊又有什么区别呢？"

齐宣王笑着说："这究竟是一种什么想法呢？我也说不清楚，我的确不是因为吝啬钱财才以羊换掉牛的。这么看来老百姓说我吝啬是理所应当的了。"

孟子说："没有关系，这是体现了仁爱之道。原因在于您看到了牛而没看到羊。有道德的人对于飞禽走兽，看见它活着，便不忍心看它死；听到它哀鸣的声音,便不忍心吃它的肉。因此君子不接近厨房。"

选文2:不为非不能
——"齐桓晋文之事"之二

王说曰:"《诗》云:'他人有心,予忖度之①。'夫子之谓也。夫我乃行之,反而求之,不得吾心。夫子言之,于我心有戚戚焉②。此心之所以合于王者,何也?"

曰:"有复于王者曰:'吾力足以举百钧③,而不足以举一羽;明足以察秋毫之末④,而不见舆薪⑤。'则王许之乎?"

曰:"否。"

"今恩足以及禽兽,而功不至于百姓者,独何与? 然则一羽之不举,为不用力焉;舆薪之不见,为不用明焉;百姓之不见保,为不用恩焉。故王之不王,不为也,非不能也。"

曰:"不为者与不能者之形何以异?"

曰:"挟太山以超北海⑥,语人曰,'我不能。'是诚不能也。为长者折枝⑦,语人曰,'我不能。'是不为也,非不能也。故王之不王,非挟太山以超北海之类也;王之不王,是折枝之类也。

"老吾老,以及人之老;幼吾幼,以及人之幼。天下可运于掌。《诗》云:'刑于寡妻,至于兄弟,以御于家邦⑧。'言举斯心加诸彼而已⑨。故推恩足以保四海,不推恩无以保妻子。古之人所以大过人者,无他焉,善推其所为而已矣。今恩足以及禽兽,而功不至于百姓者,独何与?

"权⑩,然后知轻重;度⑪,然后知长短。物皆然,心为甚。王请度之!

"抑王兴甲兵,危士臣,构怨于诸侯,然后快于心与?"

(选自《孟子·梁惠王上》)

▶ 注释

①他人有心,予忖度之:见于《诗经·小雅·巧言》,意思是他人有心思,我能推测它。忖度,揣测。②戚戚:心动的样子,指有同感。③钧:三十为一钧。④明:眼力。秋毫之末:鸟兽秋天生出的绒毛的尖端,喻极细小的东西。⑤舆薪:

一车薪柴。⑥挟：夹在腋下。太山：泰山。超：跳过。北海：渤海。⑦为长者折枝：有三种解释：一、为年长者按摩肢体；二、向老者折腰行鞠躬礼；三、替长者攀摘树枝。皆指轻而易举之事。⑧刑于寡妻，至于兄弟，以御于家邦：见于《诗经·大雅·思齐》，意思是给妻子做好榜样，推及兄弟，以此德行来治理国家。刑，同"型"，这里作动词用，指以身作则，为他人示范。寡妻，国君的正妻。御，治理。家邦，国家。⑨言举斯心加诸彼而已：孟子总结这三句诗的意思，就是说把你爱自家人的心，推广到爱他人罢了。⑩权：秤锤，这里作动词用，指称重。⑪度(duó)：用尺量。

▶ 译文

齐宣王高兴地说："《诗经》说：'别人有什么心思，我能揣测到。'说的就是先生您这样的人啊。我这样做了，回头再去想它，却不知道自己是出于什么想法。先生您说的这些，对于我的心真是有所触动啊！这种心之所以符合王道的原因，是什么呢？"

孟子说："假如有人报告大王说：'我的力气足以举起三千斤，却不能够举起一根羽毛；我的眼力足以看清鸟兽秋天新生细毛的末梢，却看不到整车的薪柴。'那么，大王您相信吗？"

齐宣王说："不相信。"

孟子说："如今您的恩德足以推及禽兽，而老百姓却得不到您的功德，却是为什么呢？这样看来，举不起一根羽毛，是不用力气的缘故；看不见整车的薪柴，是不用目力的缘故；老百姓没有受到爱护，是不肯布施恩德的缘故。所以，大王您不能以王道统一天下，是不肯干，而不是不能干。"

齐宣王说："不肯干与不能干在表现上怎样区别？"

孟子说："用胳膊夹着泰山去跳过渤海，告诉别人说：'我做不到。'这确实是做不到。向长辈弯腰作揖，告诉别人说：'我做不到。'这是不肯干，而不是不能干。大王所以不能统一天下，不属于用胳膊夹泰山去跳过渤海这一类的事；大王不能统一天下，属于向长辈弯腰作揖一类的事。

"尊敬自己的老人，进而推广到尊敬别人家的老人；爱护自己的孩子，进而推广到爱护别人家的孩子。照此理去做，要统一天下就如同在手掌上转动东西那么容易了。《诗经》说：'做国君的给自己的妻子做好榜样，推广到兄弟，进而治理好一家一国。'——说的就是把这样的心推广到他人身上罢了。所以，推广恩德足以安抚四海百姓，不推广恩德连妻子儿女都安抚不了。古代圣人大大超过别人的原因，没别的，善于推广他们的好行为罢了。如今您的恩德足以推广到禽兽身上，老百姓却得不到您的好处，这究竟是什么原因呢？

　　"用秤称，才能知道轻重；用尺量，才能知道长短。任何事物都是如此，人心更是这样。大王，您请思量一下吧！

　　"还是说大王您发动战争，使将士冒生命的危险，与各诸侯国结怨，这样心里才痛快么？"

语言积累

1. 解释下列加点实词的意思。

（1）保民而王（　　　　　）　　　（2）以羊易之（　　　　　）

（3）若无罪而就死地（　　　　　）　　（4）有复于王者曰（　　　　　）

（5）王请度之（　　　　　）　　　　（6）构怨于诸侯（　　　　　）

2. 解释下列加点虚词的用法和意义。

（1）然则废衅钟与（　　　　　）　　（2）夫子之谓（　　　　　）

（3）王之不王（　　　　　）

梳理领悟

1.《仁心足以王》中孟子认为国君要怎样才可以"王天下"？为什么？

2.《不为非不能》一文孟子为什么说齐宣王不行王道"非不能也"，是"不为也"？

评析鉴赏

1. 孟子的文章富于形象性，请结合两篇选文的内容试加以分析。

2. 结合两篇选文，说说孟子是如何运用"因势利导"和"逐层推进"的论说技巧的。

1. 《齐桓晋文之事》中孟子在论述仁政思想过程中有较多精警的名句,试摘录3—5句,并选择其中一句谈谈你的感悟。

2. 对于"君子不器",以下两种解释引发了你怎样的思考?请自选角度,自拟题目,写一篇不少于800字的文章。

孔子说:"君子不器"。对这句话,李泽厚解释为:"即人不要使自己成为某种特定的工具和机械。"安德烈·莱维解释为:"君子不把任何人当器具对待。"

探展阅读

1

——"齐桓晋文之事"之三

王曰:"否,吾何快于是? 将以求吾所大欲也。"

曰:"王之所大欲可得闻与?"

王笑而不言。

曰:"为肥甘不足于口与? 轻暖不足于体与? 抑为采色不足视于目与? 声音不足听于耳与? 便嬖不足使令于前与? 王之诸臣皆足以供之,而王岂为是哉?"

曰:"否,吾不为是也。"

曰:"然则王之所大欲可知已,欲辟土地,朝秦、楚,莅中国而抚四夷也。以若所为求若所欲,犹缘木而求鱼也。"

王曰:"若是其甚与?"

曰:"殆有甚焉。缘木求鱼,虽不得鱼,无后灾。以若所为求若所欲,尽心力而为之,后必有灾。"

曰:"可得闻与?"

曰:"邹人与楚人战,则王以为孰胜?"

曰:"楚人胜。"

曰:"然则小固不可以敌大,寡固不可以敌众,弱固不可以敌强。海内之地方千里者九,齐集有其一。以一服八,何以异于邹敌楚哉? 盖亦反其本矣。

　　"今王发政施仁,使天下仕者皆欲立于王之朝,耕者皆欲耕于王之野,商贾皆欲藏于王之市,行旅皆欲出于王之途,天下之欲疾其君者皆欲赴愬于王。其若是,孰能御之?"

　　王曰:"吾惛,不能进于是矣。愿夫子辅吾志,明以教我。我虽不敏,请尝试之。"

　　曰:"无恒产而有恒心者,惟士为能。若民,则无恒产,因无恒心。苟无恒心,放辟邪侈,无不为已。及陷于罪,然后从而刑之,是罔民也。焉有仁人在位罔民而可为也? 是故明君制民之产,必使仰足以事父母,俯足以畜妻子,乐岁终身饱,凶年免于死亡;然后驱而之善,故民之从之也轻。

　　"今也制民之产,仰不足以事父母,俯不足以畜妻子;乐岁终身苦,凶年不免于死亡。此惟救死而恐不赡,奚暇治礼义哉?

　　"王欲行之,则盍反其本矣:五亩之宅,树之以桑,五十者可以衣帛矣。鸡豚狗彘之畜,无失其时,七十者可以食肉矣。百亩之田,勿夺其时,八口之家可以无饥矣。谨庠序之教,申之以孝悌之义,颁白者不负戴于道路矣。老者衣帛食肉,黎民不饥不寒,然而不王者,未之有也。"

(选自《孟子·梁惠王上》)

▶ **译文**

　　齐宣王说:"不是的,我对这种事有什么痛快的呢? 我是打算用这办法求得我最想要的东西罢了。"

　　孟子说:"您最想要的东西是什么,我可以听听吗?"

　　齐宣王只是笑却不说话。

　　孟子说:"是因为肥美甘甜的食物不够吃呢,又轻又暖的衣服不够穿呢,还是因为艳丽的色彩不够看呢,美妙的音乐不够听呢,左右伺候您的人不够用呢? 这些您的大臣们都能充分地提供给大王,难道大王真是为了这些吗?"

　　齐宣王说:"不是,我不是为了这些。"

　　孟子说:"那么,大王所最想得到的东西便可知道了:是想开拓疆土,使秦国、楚国来朝见,统治整个中原地区,安抚四方的少数民族。但是以这样的做法,去谋求这样的理想,就像爬到树上想要抓鱼一样。"

齐宣王说："真的像你说的这么严重吗？"

孟子说："恐怕比这还严重。爬到树上去抓鱼，虽然抓不到鱼，却没有什么后祸；假使用这样的做法，去谋求这样的理想，又尽心尽力地去干，结果必然有灾祸。"

齐宣王说："这是什么道理，可以让我听听吗？"

孟子说："如果邹国和楚国打仗，那您认为谁会胜呢？"

齐宣王说："楚国会胜。"

孟子说："那么，小国本来就不可以与大国为敌，人少的国家本来就不可以与人多的国家为敌，弱国本来就不可以与强国为敌。天下的土地，方圆一千多里的国家有九个，齐国的土地总算起来也只有其中的一份。以一去降服八，这与邹国和楚国打仗有什么不同呢？还是回到根本上来吧。

"如果您现在发布政令施行仁政，使得天下当官的都想到您的朝廷来做官，种田的都想到您的田野来耕作，做生意的都要把货物存放在大王的集市上，旅行的人都想在大王的道路上出入，各国那些憎恨他们君主的人都想跑来向您申诉。如果像这样，谁还能抵挡您呢？"

齐宣王说："我糊涂，不能进一步懂得这个道理。希望先生您帮助我实现我的愿望，明确地指教我，我虽然不聪慧，请让我试一试。"

孟子说："没有固定的产业而有坚定信念的，只有有志之士才能做到。至于老百姓，没有固定的产业，就没有坚定的信念。如果没有坚定的信念，就会不服从约束、犯上作乱，没有不做的了。等到他们犯了罪，随后用刑法去处罚他们，这样做是陷害人民。哪有仁爱的君主掌权，却可以做这种陷害百姓的事呢？所以英明的君主规定老百姓的产业，一定使他们上能赡养父母，下能养活妻子儿女；年成好时能丰衣足食，年成不好也不至于饿死。这样之后督促他们做好事，所以老百姓跟随国君走就容易了。

"如今，规定人民的产业，上不能赡养父母，下不能养活妻子儿女；好年景也总是生活在困苦之中，坏年景免不了要饿死。这样，只把自己从死亡中救出来，恐怕还不够，哪里还顾得上讲求礼义呢？

"大王真想施行仁政，为什么不回到根本上来呢？给每家五亩地的住宅，种上桑树，那么五十岁的人就可以穿上丝织的衣服了；鸡鸭猪狗这些家畜，不要失去喂养繁殖的时节，七十岁的人就可以有肉吃了；一百亩的田地，不要因劳役耽误了农时，八口人的家庭就可以不挨饿了；重视学校的教育，反复地用孝顺父母、尊重兄长的道理叮咛他们，头发斑白的老人便不会再背着、顶着东西在路上走了。老年人穿上丝绸吃上肉，老百姓不挨饿受冻，如果这样还不能统一天下，那是没有的事情。"

2

梁惠王曰："晋国，天下莫强焉，叟之所知也。及寡人之身，东败于齐，长子死焉；西丧地于秦七百里；南辱于楚。寡人耻之，愿比死者一洒之，如之何则可？"

孟子对曰："地方百里而可以王。王如施仁政于民，省刑罚，薄税敛，深耕易耨；壮者以暇日修其孝悌忠信，入以事其父兄，出以事其长上，可使制梃以挞秦楚之坚甲利兵矣。

"彼夺其民时，使不得耕耨以养其父母。父母冻饿，兄弟妻子离散。彼陷溺其民，王往而征之，夫谁与王敌？故曰：'仁者无敌。'王请勿疑！"

（选自《孟子·梁惠王上》）

▶ 译文

梁惠王说："我们魏国，以前天下没有哪个国家比它更强大的了，这是老先生您所知道的。可是传到我手中，东边败给了齐国，我的长子也牺牲了；西边又丢失给秦国七百里地方；南边被楚国欺侮，吃了败仗。对此我深感耻辱，想要为死难者洗恨雪耻，怎么办才好呢？"

孟子回答道："百里见方的小国也能够取得天下。大王如果对百姓施行仁政，少用刑罚，减轻赋税，提倡深耕细作，勤除杂草。让年轻人在耕种之余学习孝亲、敬兄、忠诚、守信的道理，在家侍奉父兄，在外敬重尊长，这样，可以让他们拿起木棍打赢盔甲坚硬、刀枪锐利的秦楚两国的军队了。

"他们秦、楚常年夺占百姓的农时，使百姓不能耕作来奉养父母，父母受冻挨饿，兄弟妻儿各自逃散。他们使自己的百姓陷入了痛苦之中，如果大王前去讨伐他们，谁能跟大王对抗呢？所以说：'有仁德的人天下无敌。'大王请不要怀疑这个道理了。"

3

　　孟子曰:"伯夷辟纣,居北海之滨,闻文王作,兴曰:'盍归乎来! 吾闻西伯善养老者。'太公辟纣,居东海之滨,闻文王作,兴曰:'盍归乎来! 吾闻西伯善养老者。'二老者,天下之大老也,而归之,是天下之父归之也。天下之父归之,其子焉往? 诸侯有行文王之政者,七年之内,必为政于天下矣。"

(选自《孟子·离娄上》)

▶ 译文

　　孟子说:"伯夷躲避殷纣,隐居在北海之滨,听说周文王兴盛起来了,便起身说:'何不去归依啊! 我听说西伯善于奉养长者。'姜太公躲避殷纣,居住在东海之滨,听说周文王兴起,便起身说:'何不去归依啊! 我听说西伯善于奉养长者。'他们两位是天下有声望、有道德的长者,他们去归依文王就是天下做父辈的归依了文王。天下做父辈的归依了文王,他们的子辈还会跑到哪儿去呢? 诸侯中如有施行文王之德政的,七年之内必定能以道德治理整个天下。"

4

　　齐宣王问曰:"人皆谓我毁明堂,毁诸? 已乎?"

　　孟子对曰:"夫明堂者,王者之堂也。王欲行王政,则勿毁之矣。"

　　王曰:"王政可得闻与?"

　　对曰:"昔者文王之治岐也,耕者九一,仕者世禄,关市讥而不征,泽梁无禁,罪人不孥。老而无妻曰鳏,老而无夫曰寡,老而无子曰独,幼而无父曰孤。此四者,天下之穷民而无告者。文王发政施仁,必先斯四者。《诗》云:'哿矣富人,哀此茕独。'"

　　王曰:"善哉言乎!"

　　曰:"王如善之,则何为不行?"

　　王曰:"寡人有疾,寡人好货。"

对曰:"昔者公刘好货,《诗》云:'乃积乃仓,乃裹糇粮,于橐于囊。思戢用光。弓矢斯张,干戈戚扬,爰方启行。'故居者有积仓,行者有裹粮也,然后可以爰方启行。王如好货,与百姓同之,于王何有?"

王曰:"寡人有疾,寡人好色。"

对曰:"昔者太王好色,爱厥妃。《诗》云:'古公亶父,来朝走马,率西水浒,至于岐下,爰及姜女,聿来胥宇。'当是时也,内无怨女,外无旷夫。王如好色,与百姓同之,于王何有?"

(选自《孟子·梁惠王下》)

▶ 译文

齐宣王问道:"别人都建议我拆毁明堂,究竟是拆毁好呢,还是不拆毁好呢?"

孟子回答说:"明堂是施行王政的殿堂。大王如果想施行王政,就请不要拆毁它吧。"

宣王说:"可以把王政说给我听听吗?"

孟子回答说:"从前周文王治理岐山的时候,对农民的税率是九分抽一;对于做官的人给予世代承袭的俸禄;在关卡和市场上只稽查,不征税;任何人到湖泊捕鱼都不禁止;对罪犯的处罚不牵连妻子儿女。失去妻子的老年人叫作鳏夫,失去丈夫的老年人叫作寡妇,没有儿女的老年人叫作独老,失去父亲的儿童叫作孤儿。这四种人是天下穷苦无靠的人。文王实行仁政,一定最先考虑到他们。《诗经》说:'有钱人欢乐度日,可怜那些无依无靠的孤人吧。'"

宣王说:"说得好呀!"

孟子说:"大王如果认为说得好,为什么不这样做呢?"

宣王说:"我有个毛病,我喜爱钱财。"

孟子回答说:"从前公刘也喜爱钱财。《诗经》说:'收割粮食装满仓,备好充足的干粮,装进小袋和大囊。紧密团结争荣光,张弓带箭齐武装,盾戈斧铆拿手上,开始动身向前方。'因此留在家里的人有仓谷,行军的人有干粮,这才能够率领军队前进。大王如果喜爱钱财,能与老百姓一同享用钱财,这对施行王政有什么影响呢?"

宣王说:"我还有个毛病,我喜爱女色。"

孟子回答说:"从前周太王也喜爱女色,非常爱他的妃子。《诗经》说:'周太王古公亶父,一大早驱驰快马,沿着西边的河岸,一直走到岐山下。娶了妻子姜氏女,勘察地址建新居。'那时,没有找不到丈夫的大龄女,也没有找不到妻子的单身汉。大王如果喜爱女色,能想到老百姓也喜爱女色,这对施行王政有什么影响呢?"

5

孟子曰:"天下有道,小德役大德,小贤役大贤;天下无道,小役大,弱役强。斯二者,天也。顺天者存,逆天者亡。齐景公曰:'既不能令,又不受命,是绝物也。'涕出而女于吴。今也小国师大国而耻受命焉,是犹弟子而耻受命于先师也。如耻之,莫若师文王。师文王,大国五年,小国七年,必为政于天下矣。《诗》云:'商之孙子,其丽不亿。上帝既命,侯于周服。侯服于周,天命靡常。殷士肤敏,裸将于京。'孔子曰:'仁不可为众也。夫国君好仁,天下无敌。'今也欲无敌于天下而不以仁,是犹执热而不以濯也。《诗》云:'谁能执热,逝不以濯?'"

(选自《孟子·梁惠王上》)

▶译文

孟子说:"天下太平的时候,道德较低的人被道德较高的人所役使,不太贤明的人被贤明的人所役使;天下混乱的时候,力量小的被力量大的所役使,力量弱的被力量强的所役使。这两种情况都是天意,顺从天意者就生存,违背天意者就灭亡。齐景公说:'既不能号令他人,又不听命于他人,这真是无路可走了。'于是流着眼泪把女儿嫁往吴国。现今的小国效法大国却耻于听从大国的命令,就好比学生耻于听命于老师一样。如果对受他国之命感到羞耻,不如效法周文王。如果效法周文王,大国只需五年,小国只需七年,必定能统治整个天下。《诗经》说:'殷商的子孙,数目不下十万。上帝既已降命,他们都臣服于周。都臣服于周,可见天命并不固定。商臣通达聪明,也来到周朝都城助祭。'孔子说:'仁德的力量,是不能用人数多少来衡量的。如果国君喜好仁德,将天下无敌。'现今想要无敌于天下却又不实行仁政,就好比烫着了却不用凉水冲洗。《诗经》说:'有谁能烫着了却不用凉水冲洗?'"

第十二讲　知人者智

学习目标

1.了解孟子关于"知人""识人"的相关阐述,并理解其"察其言眸""察其交游""察其体养"等知人思想。

2.认识孟子评价人的科学公正的态度对于我们为人处世、待人接物的启示。

导读提示

《论语》中樊迟向孔子问智,孔子只回答了"知人"二字,可见,正确客观地了解和评价一个人是智慧的体现。对于知人识人的问题,孔子讲了一条原则,就是不能人云亦云,无论是"众好之"还是"众恶之",都"必察焉"。孟子也主张识人要有自己的主见,要通过具体的事实客观地分析和评判,并认为绝对性地评价一个人是不可能的。读本讲所选《孟子》中的相关章节,要认真体会孟子评价人的科学公正态度,思考这种态度对于我们为人处世的借鉴意义。

原文精读

选文1:良善存乎眸子

孟子曰:"存乎人者①,莫良于眸子。眸子不能掩其恶。胸中正,则眸子瞭焉;胸中不正,则眸子眊焉②。听其言也,观其眸子,人焉廋③哉?"

(选自《孟子·离娄上》)

①存:观察。②眊(mào):暗昧不明。③廋(sōu):隐匿,躲藏。

▶译文

孟子说:"观察人,没有比观察他的眼睛更好的地方了,眼睛不能掩盖人的丑恶。心胸端正,眼睛就明亮;心胸不正,眼睛就昏暗。听人说话,观察他的眼睛,他的善恶能藏匿到哪里去呢?"

选文2:匡章设心以待父

公都子曰①:"匡章②,通国皆称不孝焉,夫子与之游,又从而礼貌之,敢问何也?"

孟子曰:"世俗所谓不孝者五:惰其四支③,不顾父母之养,一不孝也;博弈好饮酒,不顾父母之养,二不孝也;好货财,私妻子,不顾父母之养,三不孝也;从耳目之欲,以为父母戮④,四不孝也;好勇斗很⑤,以危父母,五不孝也。章子有一于是乎?夫章子,子父责善而不相遇也⑥。责善,朋友之道也;父子责善,贼恩之大者。夫章子,岂不欲有夫妻子母之属哉?为得罪于父,不得近,出妻屏子⑦,终身不养焉。其设心以为不若是,是则罪之大者,是则章子已矣。"

(选自《孟子·离娄下》)

▶注释

①公都子:人名,孔子的学生。②匡章:人名,齐国的将军,孟子的好朋友。③支:同"肢"。④以为父母戮:使父母受到羞辱。以为,"以"与"为"相配合成为使动词,使的意思。戮,羞辱。⑤很:同"狠"。⑥子父责善而不相遇也:章子父子责善不相合的事,在《战国策·齐策一》"秦假道韩魏以攻齐"章有记载。遇,合。⑦屏:屏退,疏远。

▶译文

公都子说:"匡章这个人,是全齐国人都说的不孝之人。先生却跟他交游,又很礼貌地待他,冒昧地问这是为什么呢?"

孟子说:"一般人所说的不孝有五种情况:四肢懒惰,不管父母的赡养,这是第一种不孝;喜欢赌博又好酗酒,不管父母的赡养,这是第二种不孝;喜欢财物,偏爱妻子儿女,不管父母的赡养,这是第三种不孝;放纵耳朵和眼睛的欲望,给父母带来羞辱,这是第四种不孝;逞能显勇而斗狠,以危及连累父母,这是第五种不孝。匡章有哪一种情况呢?这个匡章,是因为父子之间相互以善相责而导致关系恶化。以善相责,本是交友之道;父子间以善相责,最伤害感情。这个匡章,难道不想有夫妻父子之间的感情吗?只因得罪了父亲,被疏远而不能亲近;因此才离弃妻子儿女,终身不要他们奉养。他心想如果不这样做那不孝之罪就会更大,这就是匡章的真实情况。"

语言积累

1. 解释下列加点实词的意思。

(1) 莫良于眸子(　　　　)　　　　(2) 则眸子瞭焉(　　　　　　)

(3) 通国皆称不孝焉(　　　　　　)　(4) 私妻子(　　　　　　)

(5) 从耳目之欲(　　　　)　　　　(6) 贼恩之大者(　　　　　　)

2. 解释下列加点虚词的用法和意义。

(1) 则眸子瞭焉(　　　　)　　　　(2) 人焉廋哉(　　　　　　)

(3) 通国皆称不孝焉(　　　　)　　(4) 又从而礼貌之(　　　　　　)

梳理领悟

1. 《良善存乎眸子》这段文字集中论述了一个什么问题?孟子对此主张什么?

2. 读了《匡章设心以待父》,你认为在怎样评价一个人上孟子的话给了我们什么启示?

评析鉴赏

1. 孟子强调"存乎人者,莫良于眸子"。孔子在《论语》中也谈过如何了解他人,他强调:"视其所以,观其所由,察其所安。人焉廋哉?人焉廋哉?"请比较孔子与孟子的话的异同点。

2. 分析《匡章设心以待父》一文中孟子说理的层次。

探究表达

1. 孟子强调"听其言也,观其眸子,人焉廋哉",同时在《公孙丑上》又说"我知言,我善养吾浩然之气"。孔子也曾颇有感触地说:"不知言,无以知人也。"请结合以上孔孟的观点,谈谈你对"知言"与"知人"关系的认识。

2. 阅读以下材料,自拟题目,自定立意,写一篇不少于800字的议论文。

　　　　随着现代社会的发展,人们的生活更容易进入大众视野,评价他人生活变得越来越常见,这些评价对个人和社会的影响也越来越大。人们对"评价他人的生活"这种现象的看法不尽相同。

拓展阅读

1

　　孟子曰:"尧、舜,性之也;汤、武,身之也;五霸,假之也。久假而不归,恶知其非有也?"

(选自《孟子·尽心上》)

▶译文

　　孟子说:"尧、舜是本性具备仁义,商汤、周武王是亲身实践仁义,五霸是假借仁义。假借久了而不归还,哪能知道他们本来是没有仁义的呢?"

2

　　孟子曰:"好名之人能让千乘之国,苟非其人,箪食豆羹见于色。"

(选自《孟子·尽心下》)

▶ 译文

　　孟子说："爱名声的人，能够让出大国国君的位置，如果不是这样的人，就是让出一筐饭、一碗羹，脸色也会显出不高兴。"

3

　　孟子曰："人之于身也，兼所爱。兼所爱，则兼所养也。无尺寸之肤不爱焉，则无尺寸之肤不养也。所以考其善不善者，岂有他哉？于己取之而已矣。体有贵贱，有小大。无以小害大，无以贱害贵。养其小者为小人，养其大者为大人。今有场师，舍其梧槚，养其樲棘，则为贱场师焉。养其一指而失其肩背，而不知也，则为狼疾人也。饮食之人，则人贱之矣，为其养小以失大也。饮食之人无有失也，则口腹岂适为尺寸之肤哉？"

（选自《孟子·告子上》）

▶ 译文

　　孟子说："人对于身体，哪一部分都爱护。都爱护，便都保养。没有一尺一寸的肌肤不爱护，便没有一尺一寸的肌肤不保养。考察他护养得好不好，难道有别的方法吗？不过是看他注重的是身体的哪一部分罢了。身体有重要的部分，有次要的部分；有小的部分，也有大的部分。不要因为小的部分而损害大的部分，不要因为次要的部分而损害重要的部分。护养小的部分的是小人，护养大的部分的是大人。如果有一位园艺师，舍弃梧桐楸树，却去培养酸枣荆棘，那就是一位很糟糕的园艺师。如果有人为护养一根指头而失去整个臂膀，自己还不明白，那便是个糊涂透顶的人。那种只注重吃吃喝喝的人之所以受到人们的鄙视，就因为他护养了小的部分而失去了大的部分。如果说这种只注重吃吃喝喝的人没有失去什么的话，那么，一个人的吃喝难道就只是为了护养那一尺一寸的肌肤吗？"

4

万章问曰："或谓孔子于卫主痈疽,于齐主侍人瘠环,有诸乎?"

孟子曰："否,不然也,好事者为之也。于卫主颜雠由。弥子之妻与子路之妻,兄弟也。弥子谓子路曰:'孔子主我,卫卿可得也。'子路以告。孔子曰:'有命。'孔子进以礼,退以义,得之不得曰'有命'。而主痈疽与侍人瘠环,是无义无命也。孔子不悦于鲁、卫,遭宋桓司马将要而杀之,微服而过宋。是时孔子当厄,主司城贞子,为陈侯周臣。吾闻观近臣,以其所为主;观远臣,以其所主。若孔子主痈疽与侍人瘠环,何以为孔子?"

(选自《孟子·万章上》)

▶ 译文

万章问道:"有人说,孔子在卫国时寄住在痈疽家里,在齐国时寄住在宦官瘠环家里,有这回事吗?"

孟子说:"不,不是这么回事,是好事者编造出来的。孔子在卫国时寄住在颜雠由家。弥子瑕的妻子与子路的妻子是姐妹。弥子瑕曾对子路说:'孔子来住在我家,就可以得到卫国卿的职位。'子路把这话告诉给孔子。孔子说:'由命决定。'孔子做官与不做官,根据礼义行事,能不能得到官职,说要'由命决定'。如果寄住在痈疽和宦官瘠环那里,这便是无视礼义、命运了。孔子在鲁国、卫国感到不快,又遇到宋国的桓司马企图在半路上杀害他,就改换了衣着悄悄通过宋国。这时孔子正遭危难,便寄住到司城贞子家里,做了陈侯周的臣子。我听说过,观察在朝的臣子,就看他所接待的客人;观察外来的臣子,就看他所寄居处的主人。如果孔子寄住在痈疽和宦官瘠环家里,把他们当作主人,怎么还能算是孔子?"

5

孟子曰:"言近而指远者,善言也;守约而施博者,善道也。君子之言也,不下

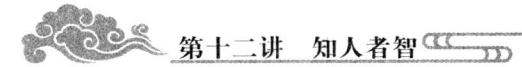

带而道存焉；君子之守，修其身而天下平。人病舍其田而芸人之田——所求于人者重，而所以自任者轻。"

（选自《孟子·尽心下》）

▶ 译文

孟子说："言语浅近而含义深远，这是善言；把握住的十分简要，而施行时效用广大，这是善道。君子所说的，虽然是眼前近事，而道却蕴含在其中；君子所把握住的，是修养自己，却能使天下太平。常人的毛病在于荒弃自己的田地，却替人家锄田——要求别人的很重，而加给自己的责任却很轻。"

第十三讲　纳贤采言

学习目标

1. 了解孟子关于重视人才和任用人才的论述，并理解其"亲贤信贤""识其不才""好善拒谄"等观点和思想。

2. 认识孟子的人才观对于我们今天如何看待人才、如何任用人才的启示。

导读提示

孟子关于人才的论述，有几个重要的方面。一是重视人才，人才是国家栋梁，身负国家和事业的兴衰成败，所谓"君子不素餐"，因此孟子提出了"仁者无不爱也，急亲贤之为务"的论断。二是能够识才，孟子认为识别人才并非易事，应当遵守一些规则和方法，"国人皆曰贤，然后察之"，只有当国人都称赞此人的时候，才去考察是否任用他，当然，识才还要能辨别人才的类型，这样才能发挥人才的特长。三是善于用才，任用人才要用其所长，用其所学，要信任人才，支持人才，使其尽展其才。读本讲所选章节，要仔细体会孟子的相关论述，结合当下，认识这些观点对今人识人、用人的借鉴意义和指导意义。

原文精读

选文1：何以识其不才而舍之

孟子见齐宣王，曰："所谓故国者^①，非谓有乔木之谓也^②，有世臣之谓也^③。王无亲臣矣，昔者所进，今日不知其亡也。"

王曰："吾何以识其不才而舍之？"

曰:"国君进贤,如不得已,将使卑逾尊,疏逾戚,可不慎与? 左右皆曰贤,未可也;诸大夫皆曰贤,未可也;国人皆曰贤,然后察之;见贤焉,然后用之。左右皆曰不可,勿听;诸大夫皆曰不可,勿听;国人皆曰不可,然后察之;见不可焉,然后去之。左右皆曰可杀,勿听;诸大夫皆曰可杀,勿听;国人皆曰可杀,然后察之;见可杀焉,然后杀之。故曰,国人杀之也。如此,然后可以为民父母。"

(选自《孟子·梁惠王下》)

▶ 注释

①故国:指历史悠久的国家。②乔木:高大的树木。③世臣:世代建立功勋的大臣。

▶ 译文

孟子拜见齐宣王,说:"我们平时所说历史悠久的国家,并不是指那个国家有高大的树木,而是指那里有世代建立功勋的大臣。可大王您现在却没有亲信的大臣了,过去所任用的一些人,现在也不知到哪里去了。"

齐宣王说:"我应该怎样去识别那些真正缺乏才能的人而不用他们呢?"

孟子回答说:"国君选择贤才,在不得已的时候,甚至会把原本地位低的提拔到地位高的人之上,把原本关系疏远的提拔到关系亲近的人之上,这能够不谨慎吗? 因此,左右亲信都说某人好,不可轻信;众位大夫都说某人好,还是不可轻信;全国的人都说某人好,然后去考察他,发现他是真正的贤才,再任用他。左右亲信都说某人不好,不可轻信;众位大夫都说某人不好,还是不可轻信;全国的人都说某人不好,然后去考察他,发现他真的不好,再罢免他。左右亲信都说某人该杀,不可轻信;众位大夫都说某人该杀,还是不可轻信;全国的人都说某人该杀,然后去考察他,发现他真的该杀,再杀掉他。所以说,是全国人杀的他。这样做,才可以做老百姓的父母官。"

选文2:好善优于天下

鲁欲使乐正子为政①。孟子曰:"吾闻之,喜而不寐。"

公孙丑曰："乐正子强乎？"

曰："否。"

"有知虑乎？"

曰："否。"

"多闻识乎？"

曰："否。"

"然则奚为喜而不寐？"

曰："其为人也好善②。"

"好善足乎？"

曰："好善优于天下③，而况鲁国乎？夫苟好善，则四海之内皆将轻千里而来告之以善；夫苟不好善，则人将曰，'訑訑④，予既已知之矣。'訑訑之声音颜色距人于千里之外。士止于千里之外，则谗谄面谀之人至矣。与谗谄面谀之人居，国欲治，可得乎？"

（选自《孟子·告子下》）

▶ 注释

①乐正子：复姓乐正，名克。②好善：这里特指喜欢听取善言。③优于天下：优于治天下的意思。优，充足。④訑(yí)訑：自满的样子。

▶ 译文

鲁国打算让乐正子治理国政。孟子说："我听到这一消息，欢喜得睡不着觉。"

公孙丑问："乐正子很有能力吗？"

孟子说："不。"

公孙丑问："有智慧有远见吗？"

孟子说："不。"

公孙丑问："见多识广吗？"

孟子说："不。"

公孙丑问:"那您为什么高兴得睡不着觉呢?"

孟子回答说:"他为人喜欢听取善言。"

公孙丑问:"喜欢听取善言就够了吗?"

孟子说:"喜欢听取善言足以治理天下,何况治理鲁国呢?假如喜欢听取善言,四面八方的人都会不远千里赶来把善言告诉他;假如不喜欢听取善言,那别人就会模仿他说:'呵呵,我都已经知道了!'呵呵的声音和脸色就会把别人拒绝于千里之外。士人在千里之外停止不来,那些进谗言的讨好逢迎之人就会来到。与那些进谗言的讨好逢迎之人在一起,要想治理好国家,办得到吗?"

语言积累

1. 解释下列加点实词的意思。

(1) 国君进贤(　　　　　)　　　　(2) 疏逾戚(　　　　　　)

(3) 见贤焉(　　　　　)　　　　　　(4) 有知虑乎(　　　　　　)

(5) 将轻千里而来告之以善(　　　　)　　(6) 距人于千里之外(　　　　　)

2. 解释下列加点虚词的用法和意义。

(1) 吾何以识其不才而舍之(　　　　)　　(2) 有世臣之谓也(　　　　　)

(3) 喜而不寐(　　　　)　　　　　　　　(4) 然则奚为喜而不寐(　　　　　)

梳理领悟

1. 推断《何以识其不才而舍之》一文中齐宣王为何向孟子询问"识其不才"的方法。

2.《好善优于天下》中,孟子为何认为治国首推"好善"?

评析鉴赏

1. 试评析《何以识其不才而舍之》一文中孟子选拔贤才的观点。

2. 分析《好善优于天下》一文中孟子与公孙丑前四组对话的作用。

探究表达

1. 孟子认为治国首推"好善",即国君要喜欢听取他人的"善言"。然而,是否"善言"就一定能对治理国家起到积极作用呢? 你对"善言"是如何看的?

2. 仔细阅读以下材料,任选一个角度,写一篇不少于800字的文章。

   毛遂因自荐而使赵国解除了被秦国围攻之困,遂成为赵国平原君的座上客。

   管仲被鲍叔推荐而任卿位,辅佐齐桓公称霸,终九合诸侯,一匡天下。

拓展阅读

1

　　孟子曰:"知者无不知也,当务之为急;仁者无不爱也,急亲贤之为务。尧、舜之知而不遍物,急先务也;尧、舜之仁不遍爱人,急亲贤也。不能三年之丧,而缌、小功之察;放饭流歠,而问无齿决,是之谓不知务。"

（选自《孟子·尽心上》）

▶ 译文

　　孟子说:"聪明人本该无所不知,但总是急于知道眼前该做的事情;仁人本该无所不爱,但总是急于先爱亲人和贤人。以尧、舜的智慧不能遍知所有事物,是因为急于去做眼前的大事;以尧、舜的仁德而不能遍爱所有的人,是因为急于先爱亲人和贤人。如果有人不实行三年的丧礼,却讲究缌麻、小功这类三五个月的丧礼;在尊长面前用餐,大吃大喝,却讲究不用牙齿咬断干肉这类小礼节,这就叫不知大体。"

2

　　孟子曰:"为政不难,不得罪于巨室。巨室之所慕,一国慕之;一国之所慕,天下慕之。故沛然德教溢乎四海。"

（选自《孟子·离娄上》）

▶ **译文**

孟子说："治理国政并不难，只要不得罪那些贤明的卿大夫们就可以了。因为贤明的卿大夫所仰慕的，整个国家都会仰慕；整个国家所仰慕的，天下的百姓都会仰慕。这样的话道德教化就可以浩浩荡荡地充满各个地方了。"

3

孟子曰："有事君人者，事是君则为容悦者也；有安社稷臣者，以安社稷为悦者也；有天民者，达可行于天下而后行之者也；有大人者，正己而物正者也。"

（选自《孟子·尽心上》）

▶ **译文**

孟子说："有侍奉君主的人，那是专把侍奉某个君主、讨好某个君主当作快乐的；有安定国家的人，那是把安定国家当作快乐的人；有不在职位而保全天理的人，那是知道'道'能在天下推行了然后来行道的人；有圣人，那是端正了自己而外物就随之端正的人。"

4

浩生不害问曰："乐正子何人也？"

孟子曰："善人也，信人也。"

"何谓善？何谓信？"

曰："可欲之谓善，有诸已之谓信，充实之谓美，充实而有光辉之谓大，大而化之之谓圣，圣而不可知之之谓神。乐正子，二之中、四之下也。"

（选自《孟子·尽心下》）

▶ **译文**

浩生不害问道："乐正子是怎样一个人？"

孟子说:"是个善人、信人。"

浩生不害问:"什么叫'善'? 什么叫'信'?"

孟子说:"值得喜爱的叫'善',自己确实具有'善'就叫'信','善'充实在身上就叫'美',既充实又有光辉就叫'大',既'大'又能感化万物就叫'圣','圣'到妙不可知就叫'神'。乐正子是在'善'和'信'二者之中、'美''大''圣''神'四者之下的人。"

5

孟子见齐宣王,曰:"为巨室,则必使工师求大木。工师得大木,则王喜,以为能胜其任也。匠人斫而小之,则王怒,以为不胜其任矣。夫人幼而学之,壮而欲行之,王曰,'姑舍女所学而从我',则何如? 今有璞玉于此,虽万镒,必使玉人雕琢之。至于治国家,则曰,'姑舍女所学而从我',则何以异于教玉人雕琢玉哉?"

（选自《孟子·梁惠王下》）

▶ 译文

孟子谒见齐宣王,说:"建筑一所大房子,那一定要派主管工匠的工师去寻找大的木料。工师得到了大木料,王就高兴,认为他能够尽到他的责任。如果木匠把木料砍小了,王就会发怒,认为他承担不了这个责任。有些人,从小学习一门专业,长大后便想运用实行。可是王却对他说:'把你所学的暂时放下,听从我的话吧!'这又会怎样呢? 假定王有一块未经雕琢的玉石,虽然它价值很高,也一定要请玉匠来雕琢它。可是,一说到治理国家,你却对政治家说:'把你所学的暂时放下,听从我的话吧!'这跟您要让玉匠按照您的办法去雕琢玉石,又有什么两样呢?"

6

孟子谓戴不胜曰:"子欲子之王之善与? 我明告子。有楚大夫于此,欲其子之齐语也,则使齐人傅诸? 使楚人傅诸?"

曰:"使齐人傅之。"

曰："一齐人傅之，众楚人咻之，虽日挞而求其齐也，不可得矣；引而置之庄、岳之间数年，虽日挞而求其楚，亦不可得矣。子谓薛居州，善士也，使之居于王所。在于王所者，长幼卑尊皆薛居州也，王谁与为不善？在王所者，长幼卑尊皆非薛居州也，王谁与为善？一薛居州，独如宋王何？"

（选自《孟子·滕文公下》）

▶ 译文

　　孟子对戴不胜说："你希望你的君王学好吗？我明白地告诉你。假定有个楚国大夫在这里，想让他的儿子学齐国话，那么请齐国人教他呢，还是请楚国人教他呢？"

　　戴不胜说："请齐国人教他。"

　　孟子说："一个齐国人教他，许多楚国人哇啦哇啦干扰他，即使天天鞭打他，逼他学会齐国话，他也不可能学会的了。如果带他到齐国都城的闹市上住上几年，即使天天鞭打他，要他讲楚国话，也不可能的了。你说薛居州是个好人，让他住在宋王宫中。如果在王宫中的人，不论年龄大小、地位高低，都是薛居州那样的人，宋王还能同谁一起干坏事呢？如果在王宫中的人，不论年龄大小、地位高低，都不是薛居州那样的人，宋王又能同谁一起做好事呢？仅仅一个薛居州，能对宋王起什么作用呢？"

第十四讲　经济思想

原文精读

选文1：寡人之于国也

梁惠王曰："寡人之于国也，尽心焉耳矣。河内凶[①]，则移其民于河东[②]，移其粟于河内。河东凶亦然。察邻国之政，无如寡人之用心者。邻国之民不加少，寡人之民不加多,何也?"

孟子对曰:"王好战,请以战喻。填然鼓之③,兵刃既接,弃甲曳兵而走。或百步而后止,或五十步而后止。以五十步笑百步,则何如?"

曰:"不可;直不百步耳,是亦走也。"

曰:"王如知此,则无望民之多于邻国也④。

"不违农时⑤,谷不可胜食也;数罟不入洿池⑥,鱼鳖不可胜食也;斧斤以时入山林⑦,材木不可胜用也。谷与鱼鳖不可胜食,材木不可胜用,是使民养生丧死无憾也。养生丧死无憾,王道之始也。

"五亩之宅,树之以桑,五十者可以衣帛矣。鸡豚狗彘之畜,无失其时,七十者可以食肉矣。百亩之田,勿夺其时,数口之家可以无饥矣。谨庠序之教⑧,申之以孝悌之义,颁白者不负戴于道路矣⑨。七十者衣帛食肉,黎民不饥不寒,然而不王者,未之有也。

"狗彘食人食而不知检⑩,途有饿莩而不知发⑪;人死,则曰,'非我也,岁也。'是何异于刺人而杀之,曰,'非我也,兵也。'王无罪岁,斯天下之民至焉。"

(选自《孟子·梁惠王上》)

▶ **注释**

①河内:指黄河以北的今河南省沁阳、济源、博爱一带,当时是魏国的领土。②河东:指黄河以东的今山西省西南部,当时是魏国的领土。③填然:声势宏大的样子。④无:通"毋",不要。⑤不违农时:指农忙时不要征调百姓服役。违,违背、违反,这里指耽误。⑥数(cù)罟(gǔ)不入洿(wū)池:不在大池塘里用密网捕鱼。数,密。罟,网。洿,深。⑦斧斤以时入山林:砍伐树木宜于在草木凋落、生长季节过后的秋冬时节进行。时,时令季节。⑧庠序:古代地方所设的学校。⑨颁白:头发花白。颁,通"斑"。⑩检:检点,制止,约束。⑪饿莩(piǎo):饿死的人。莩,同"殍",饿死的人。

▶ **译文**

梁惠王说:"我对于国家,算尽了心啦。河内遇到饥荒,就把那里的老百姓迁移到河东去,把河东的粮食转移到河内;河东遇到饥荒也是这样做。了解一下邻国的政治,没有像我这样用心的。邻国的百姓不见减少,我的百姓不见增多,这是为什么呢?"

孟子回答说:"大王喜欢打仗,让我用战争做比喻吧。咚咚地敲响战鼓,两军开始交战,士兵扔掉盔甲拖着武器逃跑。有人逃了一百步然后停下来,有人逃了五十步然后停下来。凭自己只跑了五十步而耻笑别人跑了一百步,那怎么样呢?"

梁惠王说:"不行。只不过没有跑上一百步罢了,那也是逃跑啊。"

孟子说:"大王如果懂得这个道理,就不要指望自己的百姓比邻国多了。

"不耽误农业生产的季节征调百姓服役,粮食就会吃不完。密网不下到大池塘里,鱼鳖之类的水产就会吃不完。按一定的季节入山伐木,木材就会用不完。粮食和水产吃不完,木材用不完,这就使百姓对生养死葬没有什么不满了。百姓对生养死葬没有什么不满,这是王道的开端。

"五亩大的住宅场地,种上桑树,五十岁的人就可以穿丝织品了。鸡、猪、狗的蓄养,不要耽误它们的繁殖时机,七十岁的人就可以吃肉食了。百亩大的田地,不要耽误人们的耕作时节,数口之家就可以不受饥饿了。认真地兴办学校教育,把尊敬父母、敬爱兄长的道理反复讲给百姓听,须发花白的老人就不会背负或头顶重物在路上行走了。七十岁的人能够穿上丝织品、吃上肉食,百姓没有挨饿受冻的,做到了这些而不能统一天下称王的还从未有过。

"猪狗吃人所吃的食物,不知道制止;道路上有饿死的人,不知道开仓赈济。百姓死了,就说:'这不是我的过错,是因为年岁不好。'这种说法与拿刀把人杀死后说'杀死人的不是我,是兵器'有什么不同?大王不要归罪于年成,那么天下的百姓都会来归顺了。"

选文2:民事不可缓也

滕文公问为国。

孟子曰:"民事不可缓也。《诗》云:'昼尔于茅,宵尔索绹;亟其乘屋,其始播百谷①。'民之为道也,有恒产者有恒心,无恒产者无恒心。苟无恒心,放辟邪侈,无不为已。及陷乎罪,然后从而刑之,是罔民也。焉有仁人在位罔民而可为也?

是故贤君必恭俭礼下，取于民有制。阳虎曰[2]：'为富不仁矣，为仁不富矣。'

"夏后氏五十而贡，殷人七十而助，周人百亩而彻[3]，其实皆什一也。彻者，彻也[4]；助者，藉也[5]。龙子曰[6]：'治地莫善于助，莫不善于贡。'贡者，校数岁之中以为常[7]。乐岁，粒米狼戾[8]，多取之而不为虐，则寡取之；凶年，粪其田而不足[9]，则必取盈焉。为民父母，使民盼盼然[10]，将终岁勤动，不得以养其父母，又称贷而益之[11]，使老稚转乎沟壑，恶在其为民父母也？夫世禄，滕固行之矣。《诗》云：'雨我公田，遂及我私[12]。'惟助为有公田。由此观之，虽周亦助也。

"设为庠序学校以教之。庠者，养也；校者，教也；序者，射也。夏曰校，殷曰序，周曰庠，学则三代共之，皆所以明人伦也。人伦明于上，小民亲于下。有王者起，必来取法，是为王者师也。

"《诗》云：'周虽旧邦，其命惟新[13]。'文王之谓也。子力行之，亦以新子之国！"

（选自《孟子·滕文公上》）

▶ 注释

①昼尔于茅……其始播百谷：见于《诗经·豳风·七月》，说的是修葺房子是急事，不能缓慢不着急，因为缓慢会耽误明春的播种。于茅，往取茅草。索绹（táo），搓绳。亟，急，赶快。乘屋，这里指修理草房。②阳虎：人名，又作阳货，春秋末鲁国大夫季氏的家臣，后反叛季氏，失败后入晋，为赵氏家臣。③夏后氏五十而贡，殷人七十而助，周人百亩而彻：贡、助、彻是古代的田税制度，五十、七十、百亩是田亩之数。④彻者，彻也：彻这种税制在周是天下通行的税制。彻，通。⑤助者，藉也：助这种税制是借助民力来耕种公田。藉，借。⑥龙子：古代贤人。⑦校：比较。⑧粒米狼戾：指粮食丰足，人们不加爱惜而多有浪费。狼戾，犹"狼藉"。⑨粪：施肥。⑩盼（xì）盼然：劳苦不休的样子。⑪称贷：借贷。⑫雨我公田，遂及我私：见于《诗经·小雅·大田》，这是一首农事诗。⑬周虽旧邦，其命惟新：见于《诗经·大雅·文王》。

▶ 译文

滕文公问怎样治理国家。

孟子说："百姓的事是不能延缓的。《诗经》上说：'白天去割茅草，晚上把绳搓好；赶紧上房修屋，就要播种百谷。'老百姓中形成这样一条准则，有固定产业的人会有稳定不变的思想，没有固定产业的人不会有稳定不变的思想。如果没有稳定不变的思想，那么违礼犯法、为非作歹的事，就没有不去干的了。等到他们陷入犯罪的泥坑，然后便用刑罚处置他们，这就像是布下罗网陷害百姓。哪有仁人做了君主却干陷害百姓的事的呢？所以贤明的君主必定要恭敬、节俭，以礼对待臣下，向百姓征收赋税有一定的制度。阳虎曾说：'要发财就顾不上仁爱，要仁爱就不能发财。'

"夏朝每五十亩地，赋税采用'贡'法；商朝每七十亩地，赋税采用'助'法；周朝每一百亩地，赋税采用'彻'法，其实税率都是十分之一。'彻'是'通行天下'的意思，'助'是'借助民力'的意思。龙子说：'管理土地的税法，没有比助法更好的，没有比贡法更差的。'贡法是比较若干年的收成，取平均数作为常数，按常数收税。丰年，粮食多得狼藉满地，多征些粮不算暴虐，相对说来贡法却征收得少；荒年，连明年施肥的量都凑不出来，而贡法却非要足数征收。国君作为百姓的父母，却使百姓一年到头劳累不堪，结果还不能养活父母，还得靠借贷来补足赋税，使得老人孩子死在沟壑，这样的国君哪能算是百姓的父母呢？做官的世代享受俸禄，滕国本来就实行了，何不再实行助法，使百姓也得到好处呢？《诗经》上说：'雨下到我们的公田里，于是也下到我们的私田里。'只有助法才有公田。由此看来，就是周朝也是实行助法的。

"要设立庠、序、学、校来教导百姓。'庠'是教养的意思，'校'是教导的意思，'序'是习射的意思。地方学校，夏代称'校'，商代称'序'，周代称'庠'；'学'是中央的学校，三代共用这个名称。这些学校都是用来教人懂得伦理关系的。在上位的人明白了伦理关系，百姓在下自然就会相亲相爱。您要这么做了，如果有圣王出现，必然会来效法您的，这样就成了圣王的老师了。

"《诗经》上说：'周虽是旧国，国运却是新的。'这讲的是文王。您努力实行吧，也使您的国家气象一新！"

语言积累

1. 解释下列加点实词的意思。

（1）河内凶（　　　　　）　　　　　（2）无如寡人之用心者（　　　　　）

（3）不可胜食（　　　　）　　　　（4）是罔民也（　　　　）

（5）乐岁（　　　　）　　　　　　（6）亦以新子之国（　　　　）

2. 解释下列加点虚词的用法和意义。

（1）弃甲曳兵而走（　　　　）　　　（2）以五十步笑百步（　　　　）

（3）粪其田而不足（　　　　）　　　（4）设为庠序学校以教之（　　　　）

梳理领悟

1.《寡人之于国也》中第五、六两段孟子分别提出了发展生产的哪三条措施？

2. 概括《民事不可缓也》一文中孟子谈到的治国措施。

评析鉴赏

1. 孟子善用"连锁推理"说理，"连锁推理"就是用前边推出来的结论作前提，再推出新的结论，又用这个新的结论作前提推出更新的结论。请结合《寡人之于国也》的"不违农时"一段加以分析。

2.《民事不可缓也》中多处引用了《诗经》中的句子，说说其表达效果。

探究表达

1. 选文《寡人之于国也》中有"数罟不入洿池"的话，《史记》中也有"网开一面"的说法。合理利用自然资源，不滥采滥伐，与自然和谐相处，已成为世界各国的共识。请针对这一共识拟写一条公益广告语。要求主题鲜明，形式工整，20字以内。

2. 根据以下材料，选取一个角度，自拟题目，写一篇不少于800字的文章（不要写成诗歌）。

　　　丹麦人去钓鱼会随身带一把尺子，钓到鱼，常常用尺子量一量，将不够尺寸的小鱼放回河里。他们说："让小鱼长大不更好吗？"两千多年前，我国孟子曾说过："数罟不入洿池，鱼鳖不可胜食也。"意思是，不要用细密的渔网在池塘里捕捞小鱼，这样才会有更多的鱼。

　　　实际上，其中的道理也贯穿在我们现实生活中的许多方面。

1

孟子曰："有布缕之征，粟米之征，力役之征。君子用其一，缓其二。用其二而民有殍，用其三而父子离。"

（选自《孟子·尽心下》）

▶ 译文

孟子说："有征收布帛的赋税，有征收粮食的赋税，有征发人力的赋税。君子征收了其中一种，就缓征其他两种。同时征收两种，百姓就会有饿死的了；同时征收三种，就会使百姓父子离异各顾自己了。"

2

夫物之不齐，物之情也；或相倍蓰，或相什百，或相千万。子比而同之，是乱天下也。巨屦小屦同贾，人岂为之哉？从许子之道，相率而为伪者也，恶能治国家？

（选自《孟子·滕文公上》）

▶ 译文

物品千差万别，这是客观情形。它们的价值有的相差一倍五倍，有的相差十倍百倍，有的相差千倍万倍。你把它们放在一起等同看待，这是扰乱天下。做工粗糙的鞋与做工精细的鞋同一个价钱，人们难道还肯做做工好的鞋吗？依从了许子的主张，便会使大家一个跟着一个地干虚假欺骗的勾当，哪还能治理好国家呢？

3

戴盈之曰："什一，去关市之征，今兹未能，请轻之，以待来年，然后已，何如？"

孟子曰："今有人日攘其邻之鸡者，或告之曰：'是非君子之道。'曰：'请损之，月攘一鸡，以待来年，然后已。'——如知其非义，斯速已矣，何待来年？"

（选自《孟子·滕文公下》）

▶ **译文**

戴盈之说："实行十分取一的税率，免去关卡和市场上对商品的征税，今年不能实行了，请让我先减轻一些，等到明年再废止现行的税制，怎么样？"

孟子说："假定有个人天天偷邻居的鸡，有人正告他说：'这不是君子的行为。'那人却说：'请允许我少偷一些，每月偷一只鸡，等到明年再停止偷鸡。'如果知道那种事是不该做的，就该赶快停止，为什么要等到明年？"

4

白圭曰："吾欲二十而取一，何如？"

孟子曰："子之道，貉道也。万室之国，一人陶，则可乎？"

曰："不可，器不足用也。"

曰："夫貉，五谷不生，惟黍生之；无城郭、宫室、宗庙、祭祀之礼，无诸侯币帛饔飧，无百官有司，故二十取一而足也。今居中国，去人伦，无君子，如之何其可也？陶以寡，且不可以为国，况无君子乎？欲轻之于尧舜之道者，大貉小貉也；欲重之于尧舜之道者，大桀小桀也。"

（选自《孟子·告子下》）

▶ **译文**

白圭说："我想定税率为二十取一，怎么样？"

孟子说："你的办法是貉国的办法。一个有一万户人口的国家，只有一个人做陶器,怎么样?"

白圭说:"不可以,因为陶器会不够用。"

孟子说:"貉国,五谷不能生长,只能长黍子;没有城墙、房屋、祖庙和祭祀的礼节,没有诸侯之间的往来送礼和宴饮,也没有各种衙署和官吏,所以二十取一便够了。如今在中原国家,取消社会伦常,不要各种官吏,那怎么能行呢? 做陶器的人太少,尚且不能够搞好一个国家,何况没有官吏呢? 想要比尧舜十分抽一的税率更轻的,是大貉小貉;想要比尧舜十分取抽一的税率更重的,是大桀小桀。"

5

使毕战问井地。

孟子曰:"子之君将行仁政,选择而使子,子必勉之! 夫仁政,必自经界始。经界不正,井地不钧,谷禄不平,是故暴君污吏必慢其经界。经界既正,分田制禄可坐而定也。

"夫滕,壤地褊小,将为君子焉,将为野人焉。无君子,莫治野人;无野人,莫养君子。请野九一而助,国中什一使自赋。卿以下必有圭田,圭田五十亩;余夫二十五亩。死徙无出乡,乡田同井,出入相友,守望相助,疾病相扶持,则百姓亲睦。方里而井,井九百亩,其中为公田。八家皆私百亩,同养公田;公事毕,然后敢治私事,所以别野人也。此其大略也,若夫润泽之,则在君与子矣。"

(选自《孟子·滕文公上》)

▶ 译文

滕文公派毕战来问井田的问题。

孟子说:"你的国君打算施行仁政,选派你到我这里来,你一定要努力啊! 行仁政,一定要从划分、确定田界开始。田界不正,井田的面积就不均,作为俸禄的田租收入就不公平,因此暴君污吏必定要搞乱田地的界限。田界划分正确了,那么分配井田、制定俸禄标准,就可轻而易举地办妥了。

"滕国虽然地方狭小,但也有治国的君子,也有种地的农夫。没有治国的君子,就没有人来治理农夫;没有农夫,就没有人来供养治国的君子。请滕君考虑在农村实行九分取一的助法,在都市自行交纳十分取一的赋税。卿以下的官吏一定要有可供祭祀费用的五十亩田,每户多余的人另给二十五亩。百姓丧葬迁居都不离乡,乡里土地在同一井田的各家,出入劳作时相互结伴,守卫防盗时相互帮助,有病痛相互照顾,那么百姓之间就亲近和睦了。一里见方的土地定为一块井田,每一井田九百亩地,中间一块是公田。八家都有一百亩私田,首先共同耕作公田;公田农事完毕,才敢忙私田上的农活,这就是使君子和农夫有所区别的办法。这是井田制的大概情况,至于如何改进完善,那就在于你的国君和你的努力了。"

第十五讲　论兵外交

1. 了解孟子关于军事和外交的相关阐述,理解其"得道多助""仁者无敌""义战"等军事哲学和以"仁义"为中心的"王道"外交思想。

2. 认识孟子的军事外交思想对于现代国防、军队和外交建设的重要启发意义。

导读提示

孟子有较为丰富而深刻的军事和外交思想。孟子的军事思想,并不论说具体的战术计谋,而是属于战略性质,概括起来,主要有几个方面:一是得道多助,仁者无敌,"道"就是"仁","仁"就是顺应民心,有了这个条件,就可以"保民而王";二是天时不如地利,地利不如人和,并不是说不要"天时"和"地利",而是强调"人和"在战争中的重要作用;三是主张"义战",反对"利战","义战"即持正义而战,对战争必须审慎。孟子的外交思想是军事思想的延伸,以"仁爱睦邻"为核心。阅读本讲中的选文,尤其要体会以上的思想要点。

选文1:得道多助,失道寡助

孟子曰:"天时不如地利,地利不如人和①。三里之城②,七里之郭③,环而攻之而不胜。夫环而攻之,必有得天时者矣;然而不胜者,是天时不如地利也。城非不高也,池非不深也,兵革非不坚利也,米粟非不多也;委而去之,是地利不如人和也。故曰：域民不以封疆之界④，固国不以山溪之险，威天下不以兵革之利。得道者多助，失道者寡助。寡助之至，亲戚畔之⑤；多助之至，天下顺之。以天下之所顺，攻亲戚之所畔；故君子有不战，战必胜矣。"

（选自《孟子·公孙丑下》）

▶ **注释**

①天时、地利、人和：这里用来概括战争胜负的三个要素。天时，指有利于作战的时令、气候。地利，指有利于作战的地形。人和，指人心所向、上下团结。②城：内城。③郭：外城。④域：这里用作动词，限制。⑤亲戚：内外亲属，包括父系亲属和母系亲属。畔：通"叛"，背叛。

▶ **译文**

孟子说："有利于作战的天气时令比不上有利于作战的地理形势，有利于作战的地理形势比不上作战中人心所向、内部团结。比如内城方圆三里、外城方圆七里的一座小城，四面包围起来攻打它却不能取胜。用四面包围的方式攻城，一定是得到了有利于作战的天气时令，但是不能取胜的原因，是有利作战的天气时令比不上有利于作战的地理形势呀！城墙不是不高，护城河不是不深，武器装备不是不坚固锋利，粮食供给不是不充足，守城一方弃城而逃的原因，是有利于作战的地理形势比不上作战中的人心所向。所以说，使人民定居下来而不迁到别的地方去，不能靠划定边疆界限，巩固国防不能靠山河险要，震慑天下不能靠武力的强大。能实行仁政的君主，帮助支持他的人就多，不能实行仁政的君主，帮助支持他的人就少。帮助支持他的人少到了极点，内外亲属也会背叛他；帮助支持他的人多到了极点，天下的人都会归顺他。凭借天下人都会归顺他的条件，去攻打连内外亲属都背叛他的寡助之君，所以君子不战则已，战就一定能够胜利。"

选文2：交邻国有道

齐宣王问曰："交邻国有道乎？"

孟子对曰："有。惟仁者为能以大事小，是故汤事葛①，文王事昆夷②。惟智者为能以小事大,故太王事獯鬻③,勾践事吴④。以大事小者,乐天者也⑤;以小事大者,畏天者也。乐天者保天下,畏天者保其国。《诗》云:'畏天之威,于时保之⑥。'"

王曰:"大哉言矣!寡人有疾,寡人好勇。"

对曰:"王请无好小勇。夫抚剑疾视曰,'彼恶敢当我哉!'此匹夫之勇,敌一人者也。王请大之!

"《诗》云:'王赫斯怒,爰整其旅,以遏徂莒,以笃周祜,以对于天下⑦。'此文王之勇也。文王一怒而安天下之民。

"《书》曰:'天降下民,作之君,作之师,惟曰其助上帝宠之⑧。四方有罪无罪惟我在,天下曷敢有越厥志?'一人衡行于天下⑨,武王耻之。此武王之勇也。而武王亦一怒而安天下之民。今王亦一怒而安天下之民,民惟恐王之不好勇也。"

(选自《孟子·梁惠王下》)

▶ 注释

①葛:古国名,夏末诸侯国。②昆夷:殷末周初西戎国名,即混夷。③太王:周文王的祖父古公亶父,周族首领。獯(xūn)鬻(yù):古代北方的一个少数民族,周称猃狁,秦汉时称匈奴。④勾践事吴:公元前494年,越国被吴国打败,勾践屈辱事吴,后卧薪尝胆,发愤图强,终于灭掉吴国。⑤乐天:《易·系辞》:"乐天知命,故不忧。"所以乐天就是知命的意思。⑥畏天之威,于时保之:见于《诗经·周颂·我将》,是一首祭祀周文王的颂歌。时,是。⑦王赫斯怒……以对于天下:见于《诗经·大雅·皇矣》,是一首歌颂周先祖功业的诗歌。赫斯,发怒的样子。爰,发语词,无义。旅,军队。遏,阻止,制止。徂,往,到。莒,古国名,在今山东莒县。笃,厚,此指增加。祜(hù),福祉。对,答。⑧惟曰:发语词,无义。⑨一人:指殷纣王。衡行:即"横行"。

▶ 译文

齐宣王问道:"和邻国交往有什么讲究吗?"

孟子回答说:"有。只有有仁德的人才能够以大国的身份侍奉小国,所以商汤侍奉葛国,周文王侍奉昆夷;只有有智慧的人才能够以小国的身份侍奉大国,所以周太王侍奉獯鬻,越王勾践侍奉吴王夫差。以大国身份侍奉小国的,是以天命为乐的人;以小国身份侍奉大国的,是敬畏天命的人。以天命为乐的人安定天下,敬畏天命的人安定自己的国家。《诗经》说:'畏惧上天的威灵,因此才能够安定。'"

宣王说:"先生的话可真高深呀! 不过,我有个毛病,就是逞强好勇。"

孟子回答说:"那就请大王不要好小勇。有的人动辄按剑瞪眼说:'他怎么敢抵挡我呢?'这其实只是匹夫之勇,只能与个把人较量。希望大王能把勇扩大!

"《诗经》说:'文王义愤激昂,发令调兵遣将,把侵略莒国的敌军阻挡,增添了周国的吉祥,不辜负天下百姓的期望。'这是周文王的勇。周文王一怒便使天下百姓都得到了安定。

"《尚书》说:'上天降生了老百姓,又替他们降生了君王,降生了师表,这些君王和师表的唯一责任,就是帮助上帝来爱护老百姓。所以,天下四方的有罪者和无罪者,都由我来负责,普天之下,何人敢超越上帝的意志呢?'所以,只要有一人在天下横行霸道,周武王便感到羞耻。这是周武王的勇。周武王也是一怒便使天下百姓都得到了安定。如今大王如果也能做到一怒便使天下百姓都得到安定,那么,老百姓就会唯恐大王不喜好勇了啊!"

语言积累

1. 解释下列加点实词的意思。

　　(1) 夫环而攻之(　　　　) 　　(2) 威天下不以兵革之利(　　　　)

　　(3) 多助之至(　　　　) 　　(4) 寡人有疾(　　　　)

　　(5) 敌一人者也(　　　　) 　　(6) 以遏徂莒(　　　　)

2. 解释下列加点虚词的用法和意义。

　　(1) 环而攻之而不胜(　　　　) 　　(2) 以天下之所顺(　　　　)

　　(3) 彼恶敢当我哉(　　　　) 　　(4) 天下曷敢有越厥志(　　　　)

梳理领悟

1.《得道多助,失道寡助》的中心论点是什么? 它和孟子的"仁政"思想有什么关系?

2. 简要概括《交邻国有道》中孟子认为与邻国交往的原则。

评析鉴赏

1. 《得道多助,失道寡助》一文脉络清晰,结构严谨,请结合文章内容加以分析。
2. 孟子是如何论述"勇"的,请结合《交邻国有道》一文的内容加以分析。

探究表达

1. 孟子曾把治国方略分为两类——霸道和王道,他说:

> 以力假仁者霸,霸必有大国;以德行仁者王,王不待大。汤以七十里,文王以百里。以力服人者,非心服也,力不赡也;以德服人者,中心悦而诚服也,如七十子之服孔子也。《诗》云:"自西自东,自南自北,无思不服。"此之谓也。
> (《孟子·公孙丑上》)

> 结合孟子的论述,谈谈你对这两种治国方略的看法。

2. 根据以下材料,选取一个角度,自拟题目,写一篇不少于 800 字的文章(不要写成诗歌)。

> 2018 年上半年以来,中美贸易战硝烟四起,屡见报端。美国总统特朗普宣布对 2000 亿美元的中国输美产品加征关税,并威胁若中方对其农产品等行业报复,美国将实施力度更大的关税征收举措。作为东方大国和经济强国,我们到底应以何姿态面对这场中美贸易战? 请谈谈你的思考。

拓展阅读

1

孟子曰:"春秋无义战。彼善于此,则有之矣。征者,上伐下也,敌国不相征也。"

（选自《孟子·尽心下》）

▶ 译文

孟子说:"春秋时代没有符合义的战争。那一次战争比这一次好一点的情况,还是有的。所谓征,是指上级讨伐下级,同等的诸侯国是不能相互征讨的。"

2

孟子曰:"求也为季氏宰,无能改于其德,而赋粟倍他日。孔子曰:'求非我徒也,小子鸣鼓而攻之可也。'由此观之,君不行仁政而富之,皆弃于孔子者也,况于为之强战?争地以战,杀人盈野;争城以战,杀人盈城,此所谓率土地而食人肉,罪不容于死。故善战者服上刑,连诸侯者次之,辟草莱、任土地者次之。"

(选自《孟子·离娄上》)

▶ 译文

孟子说:"冉求做季氏的管家,没有能改变季氏的德行,反而帮助他将赋税增加了一倍。孔子说:'冉求不是我的门徒,后生们大张旗鼓地去声讨他好了。'由此看来,不帮助国君施行仁政而使他聚敛财富,都是被孔子所唾弃的,何况为他们使用强力去争战呢?为争夺土地而作战,杀死的人充满原野;为争夺城池而作战,杀死的人充满城邑,这就是所谓的带领土地吃人肉,其罪行连死都不足以宽恕。所以,好战的人应受最重的刑罚,策划合纵连横的人应受次一等的刑罚,开垦荒地、分土授田的人应受再次一等的刑罚。"

3

齐人伐燕,胜之。宣王问曰:"或谓寡人勿取,或谓寡人取之。以万乘之国伐万乘之国,五旬而举之,人力不至于此。不取,必有天殃。取之,何如?"

孟子对曰:"取之而燕民悦,则取之。古之人有行之者,武王是也。取之而燕民不悦,则勿取。古之人有行之者,文王是也。以万乘之国伐万乘之国,箪食壶浆以迎王师,岂有他哉?避水火也。如水益深,如火益热,亦运而已矣。"

(选自《孟子·梁惠王下》)

　　齐国人攻打燕国,大获全胜。齐宣王问道:"有人劝我不要占领燕国,有人劝我占领它。我觉得,以一个拥有万辆兵车的大国去攻打一个同样拥有万辆兵车的大国,只用了五十天就打下来了,光凭人力是做不到的呀。如果我们不占领它,一定会遭到天灾吧。占领它,怎么样?"

　　孟子回答说:"占领它而使燕国的老百姓高兴,那就占领它。古人有这样做的,周武王便是。占领它而使燕国的老百姓不高兴,那就不要占领它。古人有这样做的,周文王便是。以齐国这样一个拥有万辆兵车的大国去攻打燕国这样一个同样拥有万辆兵车的大国,燕国的老百姓却用饭筐装着饭,用酒壶盛着酒浆来欢迎大王您的军队,难道有别的什么原因吗? 不过是想摆脱他们那水深火热的日子罢了。如果您让他们的水更深,火更热,那他们也就会转而去求其他的出路了。"

<h1 style="text-align:center">4</h1>

　　齐人伐燕,取之。诸侯将谋救燕。宣王曰:"诸侯多谋伐寡人者,何以待之?"

　　孟子对曰:"臣闻七十里为政于天下者,汤是也。未闻以千里畏人者也。《书》曰:'汤一征,自葛始。'天下信之,东面而征,西夷怨;南面而征,北狄怨,曰:'奚为后我?'民望之,若大旱之望云霓也。归市者不止,耕者不变,诛其君而吊其民,若时雨降。民大悦。《书》曰:'徯我后,后来其苏。'今燕虐其民,王往而征之,民以为将拯己于水火之中也,箪食壶浆以迎王师。若杀其父兄,系累其子弟,毁其宗庙,迁其重器,如之何其可也? 天下固畏齐之强也,今又倍地而不行仁政,是动天下之兵也。王速出令,反其旄倪,止其重器,谋于燕众,置君而后去之,则犹可及止也。"

(选自《孟子·梁惠王下》)

　　齐人攻打燕国,吞并了它。各国诸侯谋划着救助燕国。齐宣王说:"有很多诸侯谋划攻打我,该怎么对付他们呢?"

　　孟子回答道："我听说凭七十里见方的土地就统一天下的,商汤就是这样。没有听说凭着千里见方的土地还怕别人的。《尚书》上说:'商汤的征伐,从葛国开始。'天下人都信任商汤,他向东征伐,西夷就埋怨;向南征伐,北狄就埋怨,他们埋怨说:'为什么不先征伐我们这里,而要把我们放到后头呢?'人民企盼他,如同大旱时节盼望乌云虹霓一样。汤的军队到了一地,赶集市的照常做买卖,种田的照常干农活,汤杀了那里的暴君,慰问那里的百姓,像是及时雨从天而降,百姓非常高兴。《尚书》上又说:'等待我们的君王,君王来了,我们就得到新生。'现在,燕王虐待百姓,大王去征伐他,百姓都以为您会把他们从水深火热中拯救出来,所以用筐盛了饭,用壶装了酒浆,迎接大王的军队。如果您杀戮他们的父兄,囚禁他们的子弟,毁坏他们的宗庙,搬走他们国家的宝器,那么怎么行呢? 天下本来就害怕齐国的强大,现在齐国扩大了一倍的土地却不施行仁政,这就使得天下的诸侯要出兵攻打您了。大王赶快发布命令,把被抓的老人孩子送回去,停止搬运燕国的宝器,同燕国人商量,选立一个新国君,然后撤离燕国,那么还来得及阻止各国动兵。"

5

　　沈同以其私问曰:"燕可伐与?"

　　孟子曰:"可。子哙不得与人燕,子之不得受燕于子哙。有仕于此,而子悦之,不告于王而私与之吾子之禄爵;夫士也,亦无王命而私受之于子,则可乎? ——何以异于是?"

　　齐人伐燕。

　　或问曰:"劝齐伐燕,有诸?"

　　曰:"未也。沈同问'燕可伐与',吾应之曰:'可。'彼然而伐之也。彼如曰:'孰可以伐之?'则将应之曰:'为天吏,则可以伐之。'今有杀人者,或问之曰:'人可杀与?'则将应之曰:'可。'彼如曰:'孰可以杀之?'则将应之曰:'为士师,则可以杀之。'今以燕伐燕,何为劝之哉?"

(选自《孟子·公孙丑下》)

沈同以个人名义问道:"燕国可以讨伐吗?"

孟子说:"可以。子哙不得把燕国让给别人,子之不得从子哙那里接受燕国。比方说,这里有个士人,您喜欢他,就不禀告君王而私自把自己的俸禄、爵位让给他,那个士人也不经君王同意,私自从您那里接受俸禄和爵位,这样行吗? 子哙让君位的事,同这有什么两样?"

齐国攻打燕国。

有人问道:"您鼓励齐国攻打燕国,有这回事吗?"

孟子说:"没有。沈同问'燕国可以讨伐吗',我答复他说'可以',他们认为这个说法对,便去讨伐燕国。他如果问'谁能去讨伐燕国',那我将答复他说:'奉了上天使命的人才可以去讨伐。'就好比这里有个杀人犯,如果有人问我:'这个人该杀吗?'我就回答说:'可以。'他如果再问:'谁可以去杀这个杀人犯?'那我就会回答他:'做法官的才可以杀他。'现在,让一个跟燕国一样无道的国家去讨伐燕国,我为什么要鼓励它呢?"

第十六讲　评鉴圣贤

学习目标

1. 了解孟子对圣贤人物的相关评论,理解其评论人物时体现出的治世为官、处世修身的出发点和落脚点。

2. 认识孟子的对圣贤人物的评论对于当时社会的正确导向和对于我们今天认识知识分子社会责任的启示。

导读提示

孟子言必称尧舜,《孟子》一书中对于圣贤人物的评论也比较多。孟子对历史人物的评价,或挖掘细节,激浊扬清,或详明毁誉,持公再论,主要表现在以下三个方面:一是坚持修身为本,如下面选文1主要谈舜如何恪守孝道,高度赞誉了舜"五十而慕父母"的大孝,孟子这样评价大舜,就是要强调孝悌之道和修身为本;二是肩负社会责任之重,如下面选文2,孟子还伊尹以公正,赞扬伊尹肩负社会责任的精神,认为他是天下读书人的榜样;三是强调识才之明,如在拓展阅读选文2中,有人批评百里奚,孟子给予拨乱反正,一方面充分肯定了百里奚的聪明与灵活,另一方面襄扬了秦穆公的识才之明,不弃古稀而使英贤尽展其才,这就是孟子评价百里奚的目的。在阅读学习本讲的选文时,要仔细体会孟子在评价历史人物所体现出的以上思想。

选文1:舜五十而慕父母

万章问曰①:"舜往于田,号泣于旻天②,何为其号泣也?"

孟子曰:"怨慕也③。"

万章曰:"'父母爱之,喜而不忘;父母恶之,劳而不怨④。'然则舜怨乎?"

曰:"长息问于公明高曰⑤:'舜往于田,则吾既得闻命矣;号泣于旻天,于父母,则吾不知也。'公明高曰:'是非尔所知也。'夫公明高以孝子之心,为不若是恝⑥,我竭力耕田,共为子职而已矣⑦,父母之不我爱,于我何哉?帝使其子九男二女,百官牛羊仓廪备,以事舜于畎亩之中,天下之士多就之者,帝将胥天下而迁之焉⑧。为不顺于父母,如穷人无所归。天下之士悦之,人之所欲也,而不足以解忧;好色,人之所欲,妻帝之二女,而不足以解忧;富,人之所欲,富有天下,而不足以解忧;贵,人之所欲,贵为天子,而不足以解忧。人悦之、好色、富贵,无足以解忧者,惟顺于父母可以解忧。人少,则慕父母;知好色,则慕少艾⑨;有妻子,则慕妻子;仕则慕君,不得于君则热中⑩。大孝终身慕父母。五十而慕者⑪,予于大舜见之矣。"

（选自《孟子·万章上》）

▶ 注释

①万章:人名,孟子弟子。②旻天:此处泛指天。③怨慕:怨恨和依恋父母。④父母爱之……劳而不怨:见于《礼记·祭义》《大戴礼记·曾子大孝》,是曾子的话。劳,忧愁,愁苦。⑤长息:人名,公明高的学生。公明高:人名,曾子的学生。⑥恝(jié):无动于衷,淡然。⑦共:同"恭"。⑧胥:全,都。⑨少艾:年轻美貌的人。⑩热中:内心焦躁。⑪五十而慕:舜摄政时年五十,是说舜在位时还爱慕父母。

▶ 译文

万章问道:"大舜来到田野里,对着天空号呼哭泣,他为什么号呼哭泣呢?"

孟子说:"是因为他对父母既怨恨又依恋。"

万章说:"曾子说:'父母宠爱自己,自己就会很高兴不忘记;父母厌恶自己,自己就会愁苦但不怨恨。'既然这样,那么大舜会怨恨父母吗?"

孟子说:"长息曾经向公明高请教:'舜到田野里,我已经听你讲解过了;他对着天号呼哭泣,这样对父母,那我就不懂了。'公明高说:'这不是你能理解的。'公明高认为,孝子的心态是不应该像这样无动于衷的:我竭尽全力耕种田地,恭敬地尽到儿子的职责罢了,如果父母不宠爱我,对我来说有什么办法呢? 舜却不是这样。尧帝让他的九个儿子两个女儿,带着百官、牛羊、粮食,到农田里去侍奉大舜,天下许多士人都去归附他,尧帝把整个天下转让给舜。舜却因为不被父母喜欢,就如同穷人找不到归宿一样。天下的士人喜欢自己,是每个人想要得到的,可这不足以解除舜的忧愁;美好的女子,是每个人想要得到的,舜娶了尧帝的两个女儿,可这还不足以解除舜的忧愁;富裕,是每个人想要得到的,舜富裕到拥有了整个天下,可这还不足以解除舜的忧愁;尊贵,是每个人想要得到的,舜尊贵到成为天子,可这还不足以解除舜的忧愁。别人喜爱自己、拥有美貌的女子、富裕尊贵,都不足以解除舜的忧愁,只有被父母喜爱才可以解除他的忧愁。人在年幼的时候,就爱慕父母;懂得喜欢女子的时候,就爱慕年轻漂亮的女子;有了妻子儿女以后,便爱慕妻子儿女;做了官便爱慕君王,得不到君王的赏识便内心焦急得发热。最孝顺的人才会终身都爱慕父母。到了五十岁还爱慕父母的,我在伟大的舜身上见到了。"

选文2:伊尹以斯道觉斯民

万章问曰:"人有言:'伊尹以割烹要汤①。'有诸?"

孟子曰:"否,不然。伊尹耕于有莘之野②,而乐尧舜之道焉。非其义也,非其道也,禄之以天下,弗顾也;系马千驷,弗视也。非其义也,非其道也,一介不以与人③,一介不以取诸人。汤使人以币聘之④,嚣嚣然曰⑤:'我何以汤之聘币为哉? 我岂若处畎亩之中,由是以乐尧舜之道哉?'汤三使往聘之,既而幡然改曰⑥:'与我处畎亩之中,由是以乐尧舜之道,吾岂若使是君为尧舜之君哉? 吾岂若使民为尧舜之民哉? 吾岂若于吾身亲见之哉? 天之生此民也,使先知觉后知,使先觉觉后觉也。予,天民之先觉者也,予将以斯道觉斯民也。非予觉之,而谁也?'思天下之民匹夫匹妇有不被尧舜之泽者,若己推而内之沟中⑦。其自任以天下之重如此,故就汤而说之以伐夏救民。吾未闻枉己而正人者也⑧,况辱己以正天下者乎? 圣人之行不同也,或远或近,或去或不去,归洁其身而已矣。吾闻其以尧舜之道要汤,未闻以割烹也。《伊训》曰⑨:'天诛造攻自牧宫⑩,朕载自亳⑪。'"

(选自《孟子·万章上》)

①伊尹：人名，殷汤的重臣。割烹：割切、烹调，此指厨师的技术。要：求取。
②有莘：古国名。③介：同"芥"，比喻极细微的东西。④币：聘问的礼物。⑤嚣嚣
然：无欲自得的样子。⑥幡然：反过来，反省的样子。幡，同"翻"。⑦内：同"纳"。
⑧枉：不正直，邪恶。⑨《伊训》：《尚书》篇名。⑩造：到，前往。牧宫：夏桀的宫殿
名。⑪朕：我。载：开始。亳（bó）：地名，商汤的都城。

▶ 译文

万章问："人们说：'伊尹当初用割肉烹调技术来求取商汤王。'有这件事吗？"
孟子说："不，不是这样的。伊尹在有莘国的郊野耕种，喜爱尧、舜的思想方
法。如果不符合义，不符合道，即使把天下的财富都作为俸禄给他，他也不屑一
顾；即使拴着四千匹马，他也不看一眼。如果不符合义，不符合道，他不会拿一点
小东西给别人，也不会从别人那儿获取一点小东西。商汤王派人带了礼物聘请
他，他很自得地说：'我要汤的聘礼干什么呢？怎么能比得上我在田野之中，在此
享受尧、舜之道的乐趣呢？'商汤王三次派人去聘请他，他不久迅速而彻底改变了
想法，说：'我在田野之中，在此享受尧、舜之道的乐趣，哪里比得上使我们的君主
成为尧、舜这样的君主呢？哪里比得上使我们的百姓成为尧、舜时代的百姓呢？
哪里比得上我亲眼看到这些呢？上天生育这些民众，就是让先明理的人启发后
明理的人，让先觉悟的人启发后觉悟的人。我，是上天生育的这些民众中先觉悟
的人，我要用这尧、舜的思想方法启发这些民众。不是我去启发他们，还有谁
呢？'他想到天下的百姓、普通的男子女子如果有没受到尧、舜恩惠的，就好像是
自己将他们推进水沟中一样。伊尹就是如此自己把天下的重担挑扛起来，所以
他到商汤王那里劝说他征伐夏国拯救人民。我没有听说过自身不正直却能矫正
别人的人，更何况侮辱自己却能匡正天下呢？圣人的行为方式是不同的，有的远
避君主，有的接近君主；有的离开朝廷，有的不离开朝廷，归纳起来是要让自身洁
净罢了。我只听说伊尹用尧、舜之道求取商汤王，而没有听说用割肉烹调技术求
取商汤王。《伊训》里伊尹说：'上天诛灭桀、人们前往攻打桀是由夏桀自己不仁
德造成的，我只是从亳都开始谋划。'"

语言积累

1. 解释下列加点实词的意思。

（1）天下之士多就之者（　　　　） （2）帝将胥天下而迁之焉（　　　　）

（3）妻帝之二女（　　　　） （4）禄之以天下（　　　　）

（5）使先觉觉后觉也（　　　　） （6）其自任以天下之重如此（　　　　）

2. 解释下列加点虚词的用法和意义。

（1）然则舜怨乎（　　　　） （2）父母之不我爱（　　　　）

（3）有诸（　　　　） （4）圣人之行不同也（　　　　）

梳理领悟

1. 简要分析概括《舜五十而慕父母》一文的主旨。

2. 孟子在《伊尹以斯道觉斯民》一文中是怎样看伊尹的？请简要分析。

评析鉴赏

1. 简要评析《舜五十而慕父母》一文中大舜对父母的"孝"。

2. 从语言的角度赏析《伊尹以斯道觉斯民》一文中伊尹"幡然改曰"的话。

探究表达

1. 结合《伊尹以斯道觉斯民》和以下两则材料，简要评述伊尹的形象。

　　　"汤之于伊尹，学焉而后臣之，故不劳而王。"（《孟子·公孙丑下》）

　　　"帝太甲修德，诸侯咸归殷，百姓以宁。伊尹嘉之，乃用《太甲训》三篇，褒帝太甲，称太宗。"（《史记·殷本纪》）

2. 选择下面所列的一个历史人物或文学形象作为话题，自选角度，写一篇不少于800字的文章。

　　　历史人物：孔子、苏轼、曾国藩、鲁迅、史蒂芬·霍金

　　　文学形象：曹操、宋江、薛宝钗、冬妮娅、桑提亚哥

1

公孙丑曰:"伊尹曰:'予不狎于不顺,放太甲于桐,民大悦。太甲贤,又反之,民大悦。'贤者之为人臣也,其君不贤,则固可放与?"

孟子曰:"有伊尹之志,则可;无伊尹之志,则篡也。"

（选自《孟子·尽心上》）

▶ 译文

公孙丑说:"伊尹说:'我不亲近不遵循仁义的人,把太甲放逐到桐邑,百姓非常高兴。太甲变好了,又让他回来做君主,百姓非常高兴。'贤人作为臣,君主不好,本来就可以将他放逐的吗?"

孟子说:"有伊尹那样的意图,就可以;没有伊尹那样的意图,那就是篡位了。"

2

万章问曰:"或曰,'百里奚自鬻于秦养牲者五羊之皮,食牛,以要秦穆公。'信乎?"

孟子曰:"否,不然。好事者为之也。百里奚,虞人也。晋人以垂棘之璧与屈产之乘假道于虞以伐虢。宫之奇谏,百里奚不谏。知虞公之不可谏而去之秦,年已七十矣;曾不知以食牛干秦穆公之为污也,可谓智乎?不可谏而不谏,可谓不智乎?知虞公之将亡而先去之,不可谓不智也。时举于秦,知穆公之可与有行也而相之,可谓不智乎?相秦而显其君于天下,可传于后世,不贤而能之乎?自鬻以成其君,乡党自好者不为,而谓贤者为之乎?"

（选自《孟子·万章上》）

译文

万章问："有人说，'百里奚把自己卖给秦国饲养牲畜的人，得到五张羊皮，去放牛，凭借这个寻找机会求取秦穆公。'这是真的吗？"

孟子说："不，不是这样的。这是好事之徒编造出来的。百里奚是虞国人，晋国人用垂棘产的玉璧和屈地产的良马，向虞国借路来征伐虢国。宫之奇劝谏虞君，百里奚不劝谏。因为百里奚知道虞君是无法劝谏的，就离开虞国，到秦国，年龄已经七十岁了，他竟然不知道用养牛的方式去求秦穆公是污浊卑劣的，能说他明智吗？知道虞公不可劝谏而不劝谏，能说他不明智吗？知道虞君将要毁亡就事先离开他，不可以说他不明智了。当时在秦国被选荐，知道可以同秦穆公有所作为就辅佐他，可以说他不明智吗？辅佐秦国而让秦国的君主在天下显扬，在后代流传，不贤明的人能做到这样吗？卖掉自己来成就君主，乡里自爱的人都不愿干，却能说贤能的人愿意这样干吗？"

3

万章问曰："象日以杀舜为事，立为天子则放之，何也？"

孟子曰："封之也，或曰放焉。"

万章曰："舜流共工于幽州，放驩兜于崇山，杀三苗于三危，殛鲧于羽山，四罪而天下咸服，诛不仁也。象至不仁，封之有庳。有庳之人奚罪焉？仁人固如是乎——在他人则诛之，在弟则封之？"

曰："仁人之于弟也，不藏怒焉，不宿怨焉，亲爱之而已矣。亲之，欲其贵也；爱之，欲其富也。封之有庳，富贵之也。身为天子，弟为匹夫，可谓亲爱之乎？"

"敢问或曰放者，何谓也？"

曰："象不得有为于其国，天子使吏治其国而纳其贡税焉，故谓之放。岂得暴彼民哉？虽然，欲常常而见之，故源源而来。'不及贡，以政接于有庳'，此之谓也。"

（选自《孟子·万章上》）

　　万章问："象每天把杀害舜作为事务，舜被拥立为天子后却仅仅将他流放，这是为什么呢？"

　　孟子说："舜其实是封他为诸侯，有人说是流放。"

　　万章说："舜把共工流放到幽州，把驩兜发配到崇山，把三苗驱赶到三危，把鲧诛杀在羽山，惩罚这四者的罪行后，天下人都信服了，这是惩办不仁的人。象是个不仁到极点的人，舜却把有庳封给他。有庳的人民有什么罪过吗？仁人原本都像这样吗？——对外人严加惩处，对弟弟则封他为诸侯？"

　　孟子说："仁人对于弟弟，不会有隐藏在心中的愤怒，也不会留下旧有的怨恨，只是因为亲近他爱护他罢了。亲近他，所以想要他尊贵；爱护他，所以想要他富裕。把有庳封给他，正是要让他尊贵和富裕。自身是天子，弟弟却是平民，能够称他亲近和爱护弟弟吗？"

　　万章说："斗胆请教，有人说舜流放了弟弟，原因是什么呢？"

　　孟子说："象在自己的有庳国不能够任意行事，天子舜派官员管理他的国家、收取那里的贡税，所以称之为流放。舜怎么会残害有庳的百姓呢？虽然这样，舜想经常看到弟弟象，所以象不断地来。古书上说'不用等到朝贡的日子，因为政务接见有庳国国君'，说的就是这情况。"

4

　　万章问曰："人有言，'至于禹而德衰，不传于贤，而传于子。'有诸？"

　　孟子曰："否，不然也。天与贤，则与贤；天与子，则与子。昔者，舜荐禹于天，十有七年，舜崩，三年之丧毕，禹避舜之子于阳城，天下之民从之，若尧崩之后不从尧之子而从舜也。禹荐益于天，七年，禹崩，三年之丧毕，益避禹之子于箕山之阴。朝觐讼狱者不之益而之启，曰，'吾君之子也。'讴歌者不讴歌益而讴歌启，曰，'吾君之子也。'丹朱之不肖，舜之子亦不肖。舜之相尧、禹之相舜也，历年多，施泽于民久。启贤，能敬承继禹之道。益之相禹也，历年少，施泽于民未久。舜、禹、益相去久远，其子之贤不肖，皆天也，非人之所能为也。莫之为而为者，天也；

莫之致而至者,命也。匹夫而有天下者,德必若舜禹,而又有天子荐之者,故仲尼不有天下。继世以有天下,天之所废,必若桀纣者也,故益、伊尹、周公不有天下。伊尹相汤以王于天下,汤崩,太丁未立,外丙二年,仲壬四年,太甲颠覆汤之典刑,伊尹放之于桐,三年,太甲悔过,自怨自艾,于桐处仁迁义,三年,以听伊尹之训己也,复归于亳。周公之不有天下,犹益之于夏、伊尹之于殷也。孔子曰:'唐、虞禅,夏后、殷、周继,其义一也。'"

(选自《孟子·万章上》)

▶ 译文

　　万章问:"人们有说,'到了禹的时候道德就衰败了,帝位不传给贤人却传给儿子。'有这回事吗?"

　　孟子说:"不对,不是这样的。天想把天下传给贤人,就传给贤人;天想把天下传给帝王的儿子,就传给帝王的儿子。从前,舜把禹推荐给天,过了十七年,舜去世,三年的守丧期结束后,禹避开舜的儿子到了阳城,天下的百姓都跟随着他,就像尧去世后百姓不跟从尧的儿子却跟从舜一样。禹把益推荐给天,过了七年,禹去世,三年的守丧期结束后,益避开禹的儿子到了箕山的北面,朝拜觐见和打官司的人不到益那里去却到启那里去,说:'他是我们君主的儿子。'歌咏的人都不赞美益而赞美启,说:'他是我们君主的儿子。'尧的儿子丹朱不贤能,舜的儿子也不贤能。舜辅佐尧,禹辅佐舜,经历的岁月多,对百姓施予恩惠的时间也长久。启很贤明,能恭敬地继承禹的治国之道。益辅佐禹,经历的岁月少,对百姓施予恩惠的时间不久。舜、禹、益之间相隔很久,他们的儿子贤明或不贤明,都是天意,不是人的意愿所能决定的。没有人能做到的事却做到了,这是天意;没有人能招致的东西它却到来了,这是命运。一个平民却能拥有天下,品德必定像舜和禹一样,而且还要有天子的推荐,所以孔子缺少天子的推荐就没能拥有天下。继承祖先而拥有天下,却被上天废弃的,必然是像夏桀、商纣一样的人,所以益、伊尹、周公,他们辅佐的不是天废弃的君主,就没能拥有天下。伊尹辅佐商汤而统一了天下,商汤去世,太丁没有立为天子,外丙在位两年,仲壬在位四年,太甲继位后破坏了商汤的典章法律,伊尹就把他流放到桐邑。过了三年,太甲悔过认罪,悔恨自己的错误,自己改正,在桐邑学习掌握仁爱和道义,三年中因为他听从伊尹对自己的训导,于是又回到了亳都当天子。周公没能拥有天下,原因就和益在夏代、伊尹在殷朝一样。孔子说:'唐尧虞舜禅让帝位给贤人,夏、商、周三代子孙继位相传,其意义都是一样的。'"

5

孟子曰:"伯夷,目不视恶色,耳不听恶声。非其君,不事;非其民,不使。治则进,乱则退。横政之所出,横民之所止,不忍居也。思与乡人处,如以朝衣朝冠坐于涂炭也。当纣之时,居北海之滨,以待天下之清也。故闻伯夷之风者,顽夫廉,懦夫有立志。

"伊尹曰:'何事非君?何使非民?'治亦进,乱亦进,曰:'天之生斯民也,使先知觉后知,使先觉觉后觉。予,天民之先觉者也。予将以此道觉此民也。'思天下之民匹夫匹妇有不与被尧舜之泽者,若己推而内之沟中——其自任以天下之重也。

"柳下惠不羞污君,不辞小官。进不隐贤,必以其道。遗佚而不怨,厄穷而不悯。与乡人处,由由然不忍去也。'尔为尔,我为我,虽袒裼裸裎于我侧,尔焉能浼我哉?'故闻柳下惠之风者,鄙夫宽,薄夫敦。

"孔子之去齐,接淅而行;去鲁,曰,'迟迟吾行也,去父母国之道也。'可以速而速,可以久而久,可以处而处,可以仕而仕,孔子也。"

孟子曰:"伯夷,圣之清者也;伊尹,圣之任者也;柳下惠,圣之和者也;孔子,圣之时者也。孔子之谓集大成。集大成也者,金声而玉振之也。金声也者,始条理也;玉振之也者,终条理也。始条理者,智之事也;终条理者,圣之事也。智,譬则巧也;圣,譬则力也。由射于百步之外也,其至,尔力也;其中,非尔力也。"

(选自《孟子·万章下》)

▶ 译文

孟子说:"伯夷,眼睛不看丑陋的事物,耳朵不听邪恶的声音。不是他理想的君主,不侍奉;不是他理想的百姓,不使唤。天下太平就出来做官,天下混乱就隐退不出。施行暴政的国家,住有暴民的地方,他都不愿意居住。他认为和没有教养的乡下人相处，就像穿戴着上朝的礼服礼帽却坐在泥土或炭灰上一样。当殷纣王暴虐统治的时候，他隐居在渤海边，等待着天下太平。所以，听到过伯夷风范的人，贪得无厌的人会变得廉洁，懦弱的人会变得意志坚定。

"伊尹说：'哪个君主不可以侍奉？哪个百姓不可以使唤？'所以，他在天下太平时做官，天下混乱时也做官。他说：'上天生育这些百姓，就是要让先知的人来开导后知的人，先觉的人来开导后觉的人。我就是这些人中先知先觉的人，我要开导这些后知后觉的人。'他认为天下的百姓中，只要有一个普通男子或普通妇女没有承受到尧舜的恩泽，就好像是他自己把别人推进山沟之中去了一样。这就是他以挑起天下的重担为己任的态度。

"柳下惠不以侍奉坏君主为耻辱，也不因官小而不做。做官不隐藏自己的才能，坚持按自己的原则办事。不被重用也不怨恨，穷困也不忧愁。与没有教养的乡下人相处，也照样很自在地不忍离去。他说：'你是你，我是我，你就是赤身裸体在我旁边，对我又有什么污染呢？'所以，听到过柳下惠风范的人，心胸狭窄的人会变得宽阔起来，刻薄的人会变得厚道起来。

"孔子离开齐国的时候，不等把米淘完就走；离开鲁国时却说：'我们慢慢走吧，这是离开父母之邦的态度啊！'应该快就快，应该慢就慢，应该隐居就隐居，应该做官就做官。这就是孔子。"

孟子说："伯夷是圣人里面最清高的；伊尹是圣人里面最负责任的；柳下惠是圣人里面最随和的；孔子是圣人里面最识时务的。孔子可以称为集大成者。集大成的意思，就好比乐队演奏，以镈钟声开始起音，以玉磬声结束收尾。镈钟声起音是为了有条有理地开始，玉磬声收尾是为了有条有理地结束。有条有理地开始是智方面的事，有条有理地结束是圣方面的事。智好比是技巧，圣好比是力量。犹如在百步以外射箭，箭能射到靶子，是靠你的力量；射中了，却是靠技巧而不是靠力量。"

第十七讲　治学有术

学习目标

1. 了解孟子关于治学为学的相关阐述,理解其"固本浚源""循序渐进""专心致志"等治学思想。

2. 认识孟子的治学思想对于我们今天治学施教的启示意义和指导意义。

导读提示

孟子周游列国,同时也收徒讲学,积累了较为丰富的治学思想。孟子的治学思想和他的性善论有着紧密的联系,其论述更多地侧重于治学的方法问题,主要有以下几个方面:一是为学要固本浚源,选文1中孟子认为士子治学应当从混混源泉中得到启发,务求其本,务得其源;二是为学要专心致志,选文2孟子借弈秋诲棋的故事告诉学人,学贵有恒,专心致志在学习中有决定性作用;三是为学要自觉攀登,他说"君子深造之以道,欲其自得之也。自得之,则居之安;居之安,则资之深;资之深,则取之左右逢其原。故君子欲其自得之也",意思是说,在自觉地、从不厌倦地学习的基础上,所学知识就能融会贯通,运用起来就会得心应手、举一反三,在实践中就能广泛应用。读本讲的选文,当结合自身的学习实践融会思考,方能真正体会孟子治学为学思想之妙处。

原文精读

选文1:仲尼亟称于水

徐子曰[①]:"仲尼亟称于水,曰'水哉,水哉!'何取于水也?"

孟子曰:"源泉混混②,不舍昼夜,盈科而后进③,放乎四海④。有本者如是,是之取尔。苟为无本,七八月之间雨集⑤,沟浍皆盈⑥;其涸也,可立而待也。故声闻过情⑦,君子耻之。"

（选自《孟子·离娄下》）

▶ **注释**

①徐子:孟子弟子,姓徐,名辟。②混混:即"滚滚",泉水涌出的样子。③科:坎,洼地。④放:至。⑤七八月之间雨集:周历的七八月,相当于农历的五六月,正是北方的多雨季节。⑥浍:田间水道。⑦声闻:名誉,名声。情:实际。

▶ **译文**

徐子说:"孔子多次称赞水,说道:'水啊,水啊!'对于水,孔子取它哪一点呢?"

孟子说:"源头里的泉水滚滚涌出,日夜不停,注满洼坑后继续前进,最后流入大海。有本源的事物都是这样,孔子就取它这一点罢了。如果没有本源,像七八月间的雨水那样,下得很集中,大小沟渠都积满了水,但它们的干涸却只要很短的时间。所以,声望超过了实际情况,君子认为是可耻的。"

选文2:无或乎王之不智

孟子曰:"无或乎王之不智也①。虽有天下易生之物也,一日暴之②,十日寒之,未有能生者也。吾见亦罕矣,吾退而寒之者至矣,吾如有萌焉何哉?今夫弈之为数,小数也;不专心致志,则不得也。弈秋③,通国之善弈者也。使弈秋诲二人弈,其一人专心致志,惟弈秋之为听。一人虽听之,一心以为有鸿鹄将至④,思援弓缴而射之⑤,虽与之俱学,弗若之矣。为是其智弗若与?曰:非然也。"

（选自《孟子·告子上》）

▶ **注释**

①或:同"惑"。②暴:同"曝",晒。③弈秋:人名,名叫秋的善于下棋的人。

④鸿鹄:天鹅。⑤缴(zhuó):系在箭上的绳,此处代指箭。

▶ 译文

　　孟子说:"大王的不明智,没有什么不可理解的。即使有一种天下最容易生长的植物,晒它一天,又冻它十天,也没有能够生长的。我和大王相见的时候也太少了。我一离开大王,那些奸邪之人就来了,我又如何能帮助他萌发善心呢?比如下棋作为一种技艺,只是一种小技艺;但如果不专心致志地学习,也是学不会的。弈秋是全国闻名的下棋能手。叫弈秋同时教两个人下棋,其中一个专心致志,只听弈秋的话。另一个虽然也在听,但心里面却老是觉得有天鹅要飞来,想着如何张弓搭箭去射它,这个人虽然与专心致志的那个人一起学习,却比不上那个人。是因为他的智力不如那个人吗?回答很明确:当然不是。"

语言积累

1. 解释下列加点实词的意思。
　　(1) 盈科而后进(　　　　)　　(2) 苟为无本(　　　　)
　　(3) 君子耻之(　　　　)　　(4) 十日寒之(　　　　)
　　(5) 今夫弈之为数(　　　　)　　(6) 思援弓缴而射之(　　　　)

2. 解释下列加点虚词的用法和意义。
　　(1) 是之取尔(　　　　)　　(2) 可立而待也(　　　　)
　　(3) 吾退而寒之者至矣(　　　　)　　(4) 为是其智弗若与(　　　　)

梳理领悟

1. 结合《仲尼亟称于水》文本,说说孟子所提倡的为学之道。

2.《无或乎王之不智》一文中,孟子对于为学提出了什么主张?

评析鉴赏

1. 简析《仲尼亟称于水》一文孟子所采用的说理方法。

2.《无或乎王之不智》以"弈秋诲棋"的故事来说理,表达效果是什么?

探究表达

1. 关于如何读书,孟子有以下两句名言:
   (1) "说《诗》者,不以文害辞,不以辞害志;以意逆志,是为得之。"(《孟子·万章上》)
   (2) "尽信《书》,则不如无《书》。"(《孟子·尽心下》)
       请结合孟子的这两句话谈谈你对读书的思考,200 字左右。

2. 人们常说,学习的意义是提升自我。也有人说,博学者未必有见识,读书多也不一定使人更高尚,学那么多有何意义呢? 对此你有怎样的看法? 请写一篇不少于 800 字的文章,谈谈你的思考。

拓展阅读

1

　　孟子曰:"仁,人心也;义,人路也。舍其路而弗由,放其心而不知求,哀哉! 人有鸡犬放,则知求之,有放心而不知求。学问之道无他,求其放心而已矣。"

(选自《孟子·告子上》)

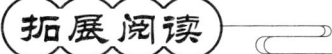 译文

　　孟子说:"仁是人的本心,义是人的大道。放弃了大道不走,失去了本心而不知道寻求,真是悲哀啊! 有的人,鸡狗丢失了倒要赶紧去找回来,失去了本心却不去寻求。学问之道没有别的什么,不过就是把那失去了的本心找回来罢了。"

2

　　孟子曰:"天下之言性也,则故而已矣。故者以利为本。所恶于智者,为其凿也。如智者若禹之行水也,则无恶于智矣。禹之行水也,行其所无事也。如智者亦行其所无事,则智亦大矣。天之高也,星辰之远也,苟求其故,千岁之日至,可坐而致也。"

(选自《孟子·离娄下》)

孟子说:"天下之人所说的本性,无非指万物固有的道理而已。固有的道理是以顺乎自然为根本的。对于智者,人们厌恶的是他们的穿凿附会。如果聪明得能像禹使水顺势流泄那样,那就不会有人厌恶智者了。禹使水顺势流泄,做的是不用穿凿而顺其自然的事。如果智者也能做不用穿凿而顺其自然的事,那智慧也就大得了不起了。天是很高的,星辰是很远的,如果能推求它们固有的运行规律,那么一千年后的冬至,也是可以坐着推算出来的。"

3

孟子曰:"尽信《书》,则不如无《书》。吾于《武成》,取二三策而已矣。仁人无敌于天下,以至仁伐至不仁,而何其血之流杵也?"

(选自《孟子·尽心下》)

孟子说:"完全相信《尚书》,那还不如没有《尚书》。我对于《尚书》中的《武成》篇,就只取其中二三片竹简而已。仁人无敌于天下,凭武王那样最仁的人去讨伐商纣那样最不仁的人,怎么会血流得把舂米的木槌都漂起来呢?"

4

孟子曰:"君子深造之以道,欲其自得之也。自得之,则居之安;居之安,则资之深;资之深,则取之左右逢其原,故君子欲其自得之也。"

(选自《孟子·离娄下》)

孟子说:"君子遵循一定的方法来加深造诣,是希望自己有所收获。自己有所收获,就能够掌握牢固;掌握得牢固,就能够积累深厚;积累得深厚,用起来就能够左右逢源。所以，君子总是希望自己有所收获。"

5

公孙丑问曰："高子曰：《小弁》，小人之诗也。"

孟子曰："何以言之？"

曰："怨。"

曰："固哉，高叟之为诗也！有人于此，越人关弓而射之，则己谈笑而道之；无他，疏之也。其兄关弓而射之，则己垂涕泣而道之；无他，戚之也。《小弁》之怨，亲亲也。亲亲，仁也。固矣夫，高叟之为诗也！"

曰："《凯风》何以不怨？"

曰："《凯风》，亲之过小者也；《小弁》，亲之过大者也。亲之过大而不怨，是愈疏也；亲之过小而怨，是不可矶也。愈疏，不孝也；不可矶，亦不孝也。孔子曰：'舜其至孝矣，五十而慕。'"

（选自《孟子·告子下》）

▶ 译文

公孙丑问道："高子说，《小弁》这首诗是小人所作。"

孟子问道："为什么这么说呢？"

公孙丑说："因为诗歌表现了怨恨之意。"

孟子说："高老人家讲解诗真是太呆板了！有这么个人，如果越国人开弓去射他，他可以有说有笑地讲述这事，没别的原因，因为越人和他关系疏远。如果他哥哥开弓去射他，他就会哭哭啼啼地讲述这事，没别的原因，因为哥哥是亲人。《小弁》的怨恨，正是热爱亲人的缘故。热爱亲人是合乎仁的。高老人家讲解诗真是太呆板了！"

公孙丑说："《凯风》这首诗为什么又没有怨恨之情呢？"

孟子答道："《凯风》这首诗，因为母亲的过错小；《小弁》这首诗，因为父亲的过错大。父母过错大，却不抱怨，是更疏远父母的表现；父母过错小，却要抱怨，是一激就怒的表现。疏远父母，是不孝；一激就怒也是不孝。孔子说：'舜是最孝顺的人吧，五十岁了还依恋父母。'"

第十八讲　教亦多术

学习目标

1. 了解孟子关于教育教学的相关阐述,理解其以教为乐、因材施教、注重启发等教育思想。

2. 认识孟子的教育教学思想对于我们今天如何施教与学习的启示意义和现实意义。

导读提示

孟子说:"人之有道也,饱食、暖衣、逸居而无教,则近于禽兽。"教育对于人的成长意义可见一斑。孟子的教育思想是孟子仁学理论体系的重要组成部分,他所阐述的教育理念有很多方面,主要包含以下三个方面:一是以教为乐,孟子说君子有三乐,"得天下英才而育之"是其一乐,孟子把从事教育活动看作人生的乐事,因而全力投入,乐此不疲,这正是作为教师应具备的正确、积极的工作态度;二是因材施教,孟子说"君子之所以教者五:有如时雨化之者,有成德者,有达财者,有答问者,有私淑艾者。此五者,君子之所以教也",这是孟子论述,也是他亲身实践的五种因材施教的方法;三是注重启发,在选文 1 中,孟子认为正确的施教方法应该是像教人射箭一样"引而不发,跃如也",这样才能调动学生学习的主动性,启发学生的思维,激起学生学习的积极性和创造性,挖掘其内在潜能,使外部教育产生一种内化作用,从而提高教学的实效性。学习阅读本讲的选文,要结合自己的学习实际来思考孟子的这些主张和思想。

选文1:道则高矣,美矣

公孙丑曰:"道则高矣,美矣,宜若登天然①,似不可及也;何不使彼为可几及而日孳孳也②?"

孟子曰:"大匠不为拙工改废绳墨③,羿不为拙射变其彀率④。君子引而不发,跃如也。中道而立,能者从之。"

(选自《孟子·尽心上》)

● 注释

①宜若:大概像,好像。②孳孳:勤勉不懈的样子。③绳墨:木工取直用的工具。④彀(gòu)率:拉开弓的标准。

● 译文

公孙丑说:"道是很高很好啊,但要学它,那就像登天那样,似乎是不可能达到的。何不让它变得有希望达到从而使人每天不懈地追求它呢?"

孟子说:"高明的木匠不会因为笨拙的徒工而改变、废弃绳墨,羿不会因为笨拙的射手而改变拉弓的标准。君子教导别人,正如教人射箭,拉满了弓却不射出箭,只是跃跃欲试地做示范。君子站立在道的中间,有能力的人便会跟从他学。"

选文2:逢蒙学射于羿

逢蒙学射于羿①,尽羿之道,思天下惟羿为愈己,于是杀羿。孟子曰:"是亦羿有罪焉。"

公明仪曰:"宜若无罪焉。"

曰:"薄乎云尔,恶得无罪?郑人使子濯孺子侵卫②,卫使庾公之斯追之③。子濯孺子曰:'今日我疾作,不可以执弓,吾死矣夫!'问其仆:'追我者谁也?'其仆曰:'庾公之斯也。'曰:'吾生矣。'其仆曰:'庾公之斯,卫之善射者也;夫子曰吾生,何谓也?'曰:'庾公之斯学射于尹公之他,尹公之他学射于我。夫尹公之他,端人也④,其取友必端矣。'庾公之斯至,曰:'夫子何为不执弓?'曰:'今日我疾作,不可以执弓。'曰:'小人学射于尹公之他,尹公之他学射于夫子。我不忍以夫子之道反害夫子。虽然,今日之事,君事也,我不敢废。'抽矢,扣轮,去其金⑤,发乘矢而后反⑥。"

(选自《孟子·离娄下》)

▶ 注释

①逄(péng)蒙:人名,传说中羿的学生。羿:人名,又称后羿,神话中射日的英雄。②子濯孺子:人名,郑大夫。③庾公之斯:人名,卫大夫。④端人:正派人。⑤金:铜,此指铜箭头。⑥乘矢:四支箭。乘,古时一车四马为一乘,故也以乘表示四。

▶ 译文

逄蒙跟羿学射箭,学尽了羿的技巧后,他便想,天下只有羿的箭术比自己强了,于是便杀死了羿。孟子说:"这事也有羿自己的罪过。"

公明仪说:"羿好像没有什么罪过吧。"

孟子说:"罪过不大罢了,怎么能说没有呢?从前郑国派子濯孺子侵入卫国,卫国派庾公之斯追击他。子濯孺子说:'今天我的病发作了,不能够拿弓,我死定了!'又问给他驾车的人说:'追我的人是谁呀?'驾车的人答道:'是庾公之斯。'子濯孺子便说:'那我不会死了。'给他驾车的人说:'庾公之斯是卫国著名的射手,先生反而说能活了,这是为什么呢?'子濯孺子说:'庾公之斯是向尹公之他学的射箭,尹公之他是向我学的射箭。那尹公之他是个正直的人,他所选择的朋友也一定正直。'庾公之斯追上来了,问:'先生为什么不拿弓呢?'子濯孺子说:'今天我疾病发作,不能够拿弓。'庾公之斯说:'我跟尹公之他学射箭,尹公之他又跟您学射箭。我不忍心用您的箭术反过来害您。虽然如此,今天这事是国家的公事,我不敢不做。'于是抽出箭,在车轮上敲打了几下,把铜箭头敲掉,发了四箭然后就回去了。"

语言积累

1. 解释下列加点实词的意思。

（1）似不可及也（　　　　）　　　（2）羿不为拙射变其彀率（　　　　）

（3）君子引而不发（　　　　）　　　（4）思天下惟羿为愈己（　　　　）

（5）薄乎云尔（　　　　）　　　　　（6）其取友必端（　　　　）

2. 解释下列加点虚词的用法和意义。

（1）道则高矣（　　　　）　　　　　（2）大匠不为拙工改废绳墨（　　　　）

（3）恶得无罪（　　　　）　　　　　（4）虽然（　　　　）

梳理领悟

1.《道则高矣，美矣》一文中"君子引而不发，跃如也"包含怎样的教育思想？

2. 孟子认为后羿被学生杀死，不仅学生有罪，后羿作为老师在这件事上也是有责任的。你是怎么认为的？请结合文章内容分析。

评析鉴赏

1.《道则高矣，美矣》一文中对"中道"历来有不同的理解，有的理解为"站在道路的中间"，有的理解为"站立在道（中庸之道）的中间"，有的则把"中"理解为动词遵守、合乎，"中道而立"意为"按照道的要求去施教"。结合原文，谈谈你的理解。

2. 两篇文章在论述时都提到了羿，作用有何不同？

探究表达

1. 在"拓展阅读"选文3中孟子提出"君子之不教子"，并阐述了自己的理由，你认为孟子的观点对吗？说说你的理由，200字左右。

2. 根据以下材料，自选角度，自拟题目，写一篇不少于800字的文章。

随着时代的发展，家庭教育渐渐被家长们所重视，于是"不让孩子输在起跑线上"成了一种潮流，胎教、早教、各类兴趣班、培训机构等成了当下的流行,一切要趁早的观念可谓深入人心;然而有的人却认为一切要趁早带给孩子的是一个丧失自由、泯灭天性的灰色童年,这对孩子是不公平的,"还孩子自由"的观念逐渐被人们关注。

1

孟子曰:"羿之教人射,必志于彀;学者亦必志于彀。大匠诲人必以规矩,学者亦必以规矩。"

(选自《孟子·告子上》)

▶ 译文

孟子说:"羿教人射箭,一定要求把弓拉满;学射的人也力求自己把弓拉满。高明的工匠教人手艺,一定要用圆规和曲尺;学手艺的人也一定要使用圆规和曲尺。"

2

孟子曰:"君子之所以教者五:有如时雨化之者,有成德者,有达财者,有答问者,有私淑艾者。此五者,君子之所以教也。"

(选自《孟子·尽心上》)

▶ 译文

孟子说:"君子教育的方法有五种:有像及时雨滋润沾化的,有帮助养成品德的,有帮助发展才能的,有解答疑问的,有靠品德学问使人私下受到教诲的。这五种就是君子施行教育的方法。"

3

公孙丑曰："君子之不教子，何也？"

孟子曰："势不行也。教者必以正；以正不行，继之以怒。继之以怒，则反夷矣。'夫子教我以正，夫子未出于正也。'则是父子相夷也。父子相夷，则恶矣。古者易子而教之，父子之间不责善。责善则离，离则不祥莫大焉。"

（选自《孟子·离娄上》）

▶ 译文

公孙丑问："君子不亲自教育自己的儿子，为什么呢？"

孟子说："因为在情势上行不通。教育一定要用正理正道，用正理正道而无效，接着就要用愤怒。一愤怒，就反而伤感情了。儿子心里这样想：'您拿正理正道教我，您的所作所为却不合正理正道。'那就会使父子间互相伤感情了。父子间互相伤感情，便很不好了。古时候互相交换儿子来进行教育，使父子间不因求其善而互相责备。求其善而互相责备，就会使父子间产生隔阂，那是最不好的事。"

4

公都子曰："滕更之在门也，若在所礼，而不答，何也？"

孟子曰："挟贵而问，挟贤而问，挟长而问，挟有勋劳而问，挟故而问，皆所不答也。滕更有二焉。"

（选自《孟子·尽心上》）

▶ 译文

公都子说："滕更在您门下学习时，似乎是属于要以礼相待的人，然而您却不回答他的发问，为什么呢？"

孟子说："倚仗地位来发问，倚仗能干来发问，倚仗年长来发问，倚仗有功劳来发问，倚仗老交情来发问，都是我不愿回答的。滕更占了其中的两条。"

5

乐正子从于子敖之齐。

乐正子见孟子。孟子曰:"子亦来见我乎?"

曰:"先生何为出此言也?"

曰:"子来几日矣?"

曰:"昔者。"

曰:"昔者,则我出此言也,不亦宜乎?"

曰:"舍馆未定。"

曰:"子闻之也,舍馆定,然后求见长者乎?"

曰:"克有罪。"

(选自《孟子·离娄上》)

▶ 译文

乐正子跟随着齐国的子敖来到齐国。

乐正子来拜见孟子,孟子说:"你也会来看我吗?"

乐正子说:"先生为什么说出这样的话呢?"

孟子说:"你来了几天了?"

乐正子说:"昨天来的。"

孟子说:"昨天就来了,那么我这样说,难道不是应该的吗?"

乐正子说:"住宿的客栈没有确定。"

孟子说:"你听说过这样的道理,住处确定下来之后再求见长者的吗?"

乐正子说:"我有过错。"

第十九讲　好辩善言

1. 了解孟子与农家、墨家等学派论争的相关章节,理解其以捍卫儒家道义为核心的论辩旨归。

2. 认识孟子气势磅礴、激情澎湃的论辩艺术和擅长举例譬喻、巧用陷阱、善用归谬的论辩技巧对于我们今天说理与驳论的启示。

导读提示

孟子好辩,而且善辩。"好辩"是《孟子》的突出特点。孟子的好辩是建立在他"仁政""性善"主张基础上的,加上孟子博览群书、见多识广,论述时旁征博引,善用现实中的浅显之事作比,故有"善辩"之论。孟子"好辩"表现在许多方面,如师生讨论、政治游说、思想争辩等。本讲所选的文章主要内容集中在以下几个方面:一是孟子与农家的论争,农家主张"贤者与民并耕而食、饔飧而治",孟子认为社会发展了,管理已经成为实际需要,"贤者"有其工作任务而"无暇于耕","劳心者治人,劳力者治于人"的观点反映了孟子的社会分工思想;二是孟子与墨家的论辩,墨家主张"兼爱""薄葬",孟子说"兼爱"这个观点不符合实际,至于"薄葬",孟子说古之时将尸体抛于沟壑,其子过而见之,不能忍视,"孝子仁人之掩其亲,亦必有道矣";三是解释了同其他学派论争的缘由,主要体现在"拓展阅读"的选文中。孟子擅长举例譬喻、巧用陷阱、善用归谬的论辩技巧,在阅读本讲的选文时要仔细体会。

选文1:劳心者治人

"然则治天下独可耕且为与?有大人之事,有小人之事。且一人之身,而百工之所为备,如必自为而后用之,是率天下而路也①。故曰,或劳心,或劳力;劳心者治人,劳力者治于人;治于人者食人,治人者食于人,天下之通义也。

"当尧之时,天下犹未平,洪水横流,泛滥于天下,草木畅茂,禽兽繁殖,五谷不登,禽兽逼人,兽蹄鸟迹之道交于中国。尧独忧之,举舜而敷治焉②。舜使益掌火,益烈山泽而焚之,禽兽逃匿。禹疏九河③,瀹济、漯而注诸海④;决汝、汉,排淮、泗而注之江⑤,然后中国可得而食也。当是时也,禹八年于外,三过其门而不入,虽欲耕,得乎?

"后稷教民稼穑⑥,树艺五谷⑦;五谷熟而民人育。人之有道也,饱食、暖衣、逸居而无教,则近于禽兽。圣人有忧之,使契为司徒⑧,教以人伦——父子有亲,君臣有义,夫妇有别,长幼有叙,朋友有信。放勋曰⑨:'劳之来之⑩,匡之直之⑪,辅之翼之⑫,使自得之⑬,又从而振德之⑭。'圣人之忧民如此,而暇耕乎?

"尧以不得舜为己忧,舜以不得禹、皋陶为己忧。夫以百亩之不易为己忧者⑮,农夫也。分人以财谓之惠,教人以善谓之忠,为天下得人者谓之仁。是故以天下与人易,为天下得人难。孔子曰:'大哉尧之为君!惟天为大,惟尧则之,荡荡乎民无能名焉⑯!君哉舜也!巍巍乎有天下而不与焉⑰!'尧、舜之治天下,岂无所用其心哉?亦不用于耕耳。"

(选自《孟子·滕文公上》)

▶ **注释**

①路:同"露",败坏穷困。②敷治:实施治理。敷,施,施行。③九河:指黄河中下游的九条河流。④瀹(yuè)济、漯(tà)而注诸海:疏通济河、漯河,使它们流入大海。瀹,疏通。⑤汝、汉、淮、泗:皆长江中下游河流名称。⑥后稷:人名,周的始祖,舜时为农官,教民稼穑。⑦树艺:栽种,种植。⑧契(xiè):人名,商代的

先祖,在舜时掌管教化。司徒:古官名,主管民事、户口、赋税等。⑨放勋:尧的名。⑩劳、来:都是慰劳的意思。⑪匡、直:都是纠正的意思。⑫辅、翼:都是帮助的意思。⑬自得之:自得其所。⑭振德:赈济而施惠。振,同"赈",赈济。德,施惠。⑮易:治理。⑯大哉尧之为君……民无能名焉:见于《论语·泰伯》。则,效法。无能名,无法表述。⑰君哉舜也! 巍巍乎有天下而不与焉:见于《论语·泰伯》。不与,不相关,意思是不以居君位为乐,心里忧虑百姓。

▶ 译文

　　孟子说:"既然工匠不能兼做手艺和种庄稼两样事情,那么治理天下的事就能边耕作边干吗? 有官吏们的事,有小民们的事。再说一个人身上所需的用品要靠各种工匠来替他制备,如果一定要自己制作而后使用,这会导致天下的人穷苦困顿。所以说,有些人动用心思,有些人动用体力。动用心思的人治理别人,动用体力的人被人治理;被人治理的人养活别人,治理人的人靠别人养活。这是天下通行的道理。

　　"在尧的时代,天下还不太平,洪水横流,到处泛滥,草木遍地丛生,禽兽大量繁殖,庄稼没有收成,禽兽威逼人类,印满兽蹄鸟迹的道路遍布中原各地。尧为此独自忧虑,提拔舜来全面治理。舜派益掌管用火,益在山岗沼泽燃起大火,烧掉草木,禽兽逃窜躲藏。大禹疏通九条河道,疏通济河、漯河,将它们导流入海;开通汝河、汉河,疏浚淮河、泗河,将它们导入长江。这样,中原百姓才能耕种收获吃上饭。在那时候,大禹八年在外,三次经过自己家的门口都没有进去,即使想亲自耕种,能办到吗?

　　"后稷教人民各种农事,种植五谷;五谷成熟了,人民才能生养。人类生活的通则是:吃饱、穿暖、安居而没有教育,便同禽兽差不多。圣人又忧虑这件事,任命契担任司徒,把伦理道德教给人民——父子讲亲爱,君臣讲礼义,夫妇讲内外之别,长幼讲尊卑次序,朋友讲真诚守信。放勋说:'慰劳他们,纠正他们,帮助他们,使他们自得其所,随后赈济他们,给他们恩惠。'圣人为人民操心到这般程度,还有空闲耕作吗?

　　"尧把得不到舜当作自己的忧虑,舜把得不到禹、皋陶当作自己的忧虑。把耕种不好百亩田地当作自己忧虑的,是农夫。把财物分给人叫惠,教人行善叫忠,为天下物色贤才叫仁。因此,把天下让给别人是容易的,为天下物色到贤才是困难的。孔子说:'尧作为君主真是伟大啊! 只有天是伟大的,只有尧能效法天。尧的功德浩荡无边啊,人民简直无法用言语来形容! 帝舜真是个好君主啊! 多么崇高啊! 拥有天下却不以君位为乐!'尧舜治理天下,难道是无所用心的吗? 只是不用在耕作上罢了。"

选文2:墨者夷之见孟子

墨者夷之因徐辟而求见孟子①。孟子曰:"吾固愿见,今吾尚病,病愈,我且往见,夷子不来!"

他日,又求见孟子。孟子曰:"吾今则可以见矣。不直②,则道不见;我且直之。吾闻夷子墨者,墨之治丧也,以薄为其道也;夷子思以易天下,岂以为非是而不贵也? 然而夷子葬其亲厚,则是以所贱事亲也。"

徐子以告夷子。

夷子曰:"儒者之道,古之人若保赤子③,此言何谓也? 之则以为爱无差等④,施由亲始。"

徐子以告孟子。

孟子曰:"夫夷子信以为人之亲其兄之子为若亲其邻之赤子乎? 彼有取尔也。赤子匍匐将入井,非赤子之罪也。且天之生物也,使之一本,而夷子二本故也⑤。盖上世尝有不葬其亲者,其亲死,则举而委之于壑。他日过之,狐狸食之,蝇蚋姑嘬之⑥。其颡有泚⑦,睨而不视⑧。夫泚也,非为人泚,中心达于面目,盖归反虆梩而掩之⑨。掩之诚是也,则孝子仁人之掩其亲,亦必有道矣。"

徐子以告夷子。夷子怃然为间曰⑩:"命之矣⑪。"

(选自《孟子·滕文公上》)

▶ 注释

①墨者夷之:信奉墨子学说、名叫夷之的人。徐辟(bì):人名,孟子的学生。②直:指直言。③古之人:此指古代君王。赤子:纯正而天真无邪的儿童。④之:这。⑤二本:墨家主张兼爱,孟子认为人只有父母一个本源,故孟子说墨者是主

张"二本"。⑥蚋(ruì)：蚊子之类。姑：以嘴吸饮。噆(chuài)：叮咬。⑦其颡(sǎng)有泚(cǐ)：额头流汗。颡，额头。泚，出汗。⑧睨(nì)而不视：斜眼看而不正视。睨，斜视。⑨虆(lěi)梩(sì)：盛土的箕和挖土的锹。⑩怃(wǔ)然：茫然自失之貌。为间：有倾之间。⑪命：教。

▶ **译文**

　　墨家学派的夷之通过徐辟求见孟子。孟子说："我本来愿意接见，现在我还病着，等病好了，我将去见他，夷子不必来。"

　　过了些日子，夷之又来求见孟子。孟子说："我现在可以见他了。说话不直截了当，道理就显现不出来，我直截了当地说吧。我听说夷子是墨家学者，墨家办理丧事是以薄葬作为原则的。夷子想用它来改变天下的习俗，岂不是认为不薄葬就不值得称道吗？然而夷子却厚葬自己的父母，那是用他自己所鄙薄的方式来对待双亲了。"

　　徐辟把孟子的话告诉了夷子。

　　夷子说："按儒家的说法，古代君王爱护百姓就像爱护初生的婴儿，这句话什么意思呢？我认为是说，爱人是不分差别等级的，只是施行起来是从自己的父母开始而已。"

　　徐辟又把这话转告给了孟子。

　　孟子说："夷子真认为爱自己的侄子就像爱邻人的婴儿一样吗？他只抓住了这一点：婴儿在地上爬，就要掉进井里了，这不是婴儿的过错，所以人人去救。他以为这就是爱不分差别等级。再说天生万物，使它们只有一个本源，人也只有父母一个本源。然而夷子主张爱不分差别等级，是他认为有两个本源的缘故。大概上古曾有个不安葬父母的人，父母死了，就抬走抛弃在山沟里。后来的一天路过那里，看见狐狸在啃他父母的尸体，苍蝇、蚊虫叮吮着尸体。那人额头上不禁冒出汗来，斜着眼不敢正视。那汗，不是流给人看的，而是内心的悔恨表露在脸上，大概他就回家拿来筐和锹把尸体掩埋了。掩埋尸体确实是对的，那么孝子仁人掩埋他们亡故的父母，也就必然有道理了。"

　　徐子把这番话转告给夷子。夷子怅惘了一会，说："我受到教诲了。"

1. 解释下列加点实词的意思。

（1）五谷不登（　　　　　）　　（2）后稷教民稼穑（　　　　　）

（3）益烈山泽而焚之（　　　　　）　　（4）病愈（　　　　　）

（5）夷子思以易天下（　　　　　）　　（6）则举而委之于壑（　　　　　）

2. 解释下列加点虚词的用法和意义。

（1）率天下而路（　　　　　）　　（2）劳力者治于人（　　　　　）

（3）吾今则可以见矣（　　　　　）　　（4）墨之治丧也（　　　　　）

梳理领悟

1.《劳心者治人》中孟子认为"劳心者治人，劳力者治于人"，孟子也主张"民贵君
轻"，这两个观点相矛盾吗？请简要说明你的看法。

2.《墨者夷之见孟子》一文中孟子和夷之论辩的核心是什么？

评析鉴赏

1.《劳心者治人》是针对许行的"贤者与民并耕而食，饔飧而治"的错误观点而论
的，请分析孟子是如何展开辩驳的？

2.《墨者夷之见孟子》第四段孟子是如何回应夷子的回击的？请结合文本内容
加以分析。

探究表达

1. 阅读"拓展阅读"选文 2，就孟子巧用陷阱、引入圈套这一论辩艺术写一段 200
字左右的赏析文字。

2. 阅读下面的材料，你有怎样的思考？请自拟题目，自定立意，写一篇不少于
800 字的文章。

　　有人说，中国人之间几乎没有辩论，只有争吵。这是因为"中国式辩论"
忽略了辩论的两个最基本要素：事实和逻辑，而专注于姿态与声势。"中国式

辩论"中的常见问题如：偏离论点、情绪激动、攻击对方人品、滥用比喻、使用嘲笑和反问句等等。

1

孟子曰："逃墨必归于杨，逃杨必归于儒。归，斯受之而已矣。今之与杨、墨辩者，如追放豚，既入其苙，又从而招之。"

（选自《孟子·尽心下》）

孟子说："避开墨子这一派，必定会归入杨朱这一派；避开杨朱这一派，必定会回归到儒家这一派。回归了，接纳他就是了。而现在同杨朱、墨子辩论的人，好像在追跑掉的猪，已经追回、赶入猪圈了，还要接着把它的脚拴住。"

2

陈相见孟子，道许行之言曰："滕君则诚贤君也；虽然，未闻道也。贤者与民并耕而食，饔飧而治。今也滕有仓廪府库，则是厉民而以自养也，恶得贤？"

孟子曰："许子必种粟而后食乎？"

曰："然。"

"许子必织布而后衣乎？"

曰："否，许子衣褐。"

"许子冠乎？"

曰："冠。"

曰："奚冠？"

曰："冠素。"

曰："自织之与？"

曰:"否,以粟易之。"

曰:"许子奚为不自织?"

曰:"害于耕。"

曰"许子以釜甑爨,以铁耕乎?"

曰:"然。"

"自为之与?"

曰:"否,以粟易之。"

"以粟易械器者,不为厉陶冶;陶冶亦以其械器易粟者,岂为厉农夫哉? 且许子何不为陶冶,舍皆取诸其宫中而用之? 何为纷纷然与百工交易? 何许子之不惮烦?"

曰:"百工之事固不可耕且为也。"

（选自《孟子·滕文公上》）

▶ 译文

　　陈相见到了孟子,转述许行的话说:"滕文公倒确实是贤明的君主,虽然如此,他还不懂得贤君治国的道理。贤君与人民一起耕作养活自己,一面烧火做饭,一面治理天下。现在,滕国有堆满粮食钱财的仓库,这是侵害百姓来供养自己,哪能称得上贤明呢?"

　　孟子问:"许子一定是自己种了粮食才吃饭的吗?"

　　陈相说:"是的。"

　　孟子问:"许子一定是自己织了布才穿衣的吗?"

　　答道:"不是,许子穿粗布衣服。"

　　孟子问:"许子戴帽子吗?"

　　答道:"戴的。"

　　孟子问:"戴什么样的帽子?"

　　答道:"戴生丝织的帽子。"

　　孟子问:"自己织的吗?"

　　答道:"不,用粮食换来的。"

　　孟子问:"许子为什么不自己织呢?"

　　答道:"会妨碍农活。"

孟子又问："许子用锅甑烧饭,用铁农具耕田吗?"

答道："是的。"

孟子问："自己造的吗?"

答道："不是,用粮食换来的。"

孟子说："农夫拿粮食交换生活、生产所需的器具,不算是侵害陶工冶匠;陶工冶匠也拿他们的器具交换粮食,难道就是侵害了农夫利益了吗? 再说,许子为什么不自己制陶冶铁,样样东西都从自家屋里取来用? 为什么要忙忙碌碌同各种工匠交换呢? 为什么许子这样不怕麻烦呢?"

陈相答道："各种工匠的手艺本来就不可能边耕作边干的。"

3

"吾闻用夏变夷者,未闻变于夷者也。陈良,楚产也,悦周公、仲尼之道,北学于中国。北方之学者,未能或之先也。彼所谓豪杰之士也。子之兄弟事之数十年,师死而遂倍之! 昔者孔子没,三年之外,门人治任将归,入揖于子贡,相向而哭,皆失声,然后归。子贡反,筑室于场,独居三年,然后归。他日,子夏、子张、子游以有若似圣人,欲以所事孔子事之,强曾子。曾子曰:'不可。江、汉以濯之,秋阳以暴之,皓皓乎不可尚已。'今也南蛮𫓧舌之人,非先王之道,子倍子之师而学之,亦异于曾子矣。吾闻'出于幽谷,迁于乔木'者,未闻下乔木而入于幽谷者。《鲁颂》曰:'戎狄是膺,荆舒是惩。'周公方且膺之,子是之学,亦为不善变矣。"

(选自《孟子·滕文公上》)

▶ 译文

孟子说："我只听说过用中原的文明去改变蛮夷的,没听说过被蛮夷改变的。陈良出生于楚国,爱好周公、孔子的学说,到北边的中原地区来学习,北方的学者没有人能超过他的,他真称得上是杰出人物了。你们兄弟拜他为师几十年,老师一死就背叛了他。从前,孔子逝世,弟子们服丧三年后,收拾行李将要各自回去,走进子贡住处行礼告别,相对痛哭,泣不成声,这才回去。子贡又回到墓地,在祭场上搭了间房子,独居三年,然后才回家。后来的某一天,子夏、子张、子游认为有若像孔子，要用侍奉孔子的礼节侍奉有若，硬要曾子同意。曾子说：'不行！老师的人品如同经江汉之水洗涤过，盛夏的太阳曝晒过一般，洁白明亮得无人可以比得上的了！'现在，那个话语难听得像伯劳鸟叫似的南方蛮子，攻击先王之道，你却背叛自己的老师去向他学习，这跟曾子相差太远了！我听说'鸟雀从幽暗的山谷飞出来迁到高树上'的，没听说从高树迁下来飞进幽暗山谷的。《诗经·鲁颂》上说：'征讨戎狄，惩罚荆舒。'周公尚且要征讨楚国人，你却还向楚国人学习，也真是不善改变的了。"

4

　　齐宣王欲短丧。公孙丑曰："为期之丧，犹愈于已乎？"

　　孟子曰："是犹或纱其兄之臂，子谓之姑徐徐云尔，亦教之孝悌而已矣。"

　　王子有其母死者，其傅为之请数月之丧。公孙丑曰："若此者何如也？"

　　曰："是欲终之而不可得也。虽加一日愈于已，谓夫莫之禁而弗为者也。"

　　　　　　　　　　　　　　　　　　　　　　　（选自《孟子·尽心上》）

▶ 译文

　　齐宣王想缩短服丧的期限。公孙丑说："为父母服丧一年，总还比不服丧好吧？"

　　孟子说："这就像有人在扭他哥哥的胳膊，你却对他说暂且慢慢扭吧之类的话，能有什么用呢？你只要用孝父母、敬兄长的道理去教育他就行了。"

　　有个王子的生母死了，他的老师为他去请求君主，允许他服丧几个月。公孙丑问孟子道："像这样的事该怎样看？"

　　孟子说："这是想服丧三年而无法办到的缘故。即使多服丧一天也总比不服丧好，上次的话是针对那些没有谁禁止他，而他自己不肯服丧的人说的。"

5

　　公都子曰："外人皆称夫子好辩，敢问何也？"

　　孟子曰："予岂好辩哉？予不得已也。天下之生久矣，一治一乱。当尧之时，水逆行，泛滥于中国，蛇龙居之，民无所定；下者为巢，上者为营窟。《书》曰：'洚水警余。'洚水者，洪水也。使禹治之。禹掘地而注之海，驱蛇龙而放之菹；水由地中行，江、淮、河、汉是也。险阻既远，鸟兽之害人者消，然后人得平土而居之。

"尧舜既没，圣人之道衰，暴君代作，坏宫室以为污池，民无所安息；弃田以为园囿，使民不得衣食。邪说暴行又作，园囿、污池、沛泽多而禽兽至。及纣之身，天下又大乱。周公相武王诛纣，伐奄三年讨其君，驱飞廉于海隅而戮之，灭国者五十，驱虎、豹、犀、象而远之，天下大悦。《书》曰：'丕显哉，文王谟！丕承者，武王烈！佑启我后人，咸以正无缺。'

"世衰道微，邪说暴行有作，臣弑其君者有之，子弑其父者有之。孔子惧，作《春秋》。《春秋》，天子之事也；是故孔子曰：'知我者其惟《春秋》乎！罪我者其惟《春秋》乎！'

"圣王不作，诸侯放恣，处士横议，杨朱、墨翟之言盈天下。天下之言不归杨，则归墨。杨氏为我，是无君也；墨氏兼爱，是无父也。无父无君，是禽兽也。公明仪曰：'庖有肥肉，厩有肥马；民有饥色，野有饿莩，此率兽而食人也。'杨墨之道不息，孔子之道不著，是邪说诬民，充塞仁义也。仁义充塞，则率兽食人，人将相食。吾为此惧，闲先圣之道，距杨墨，放淫辞，邪说者不得作。作于其心，害于其事；作于其事，害于其政。圣人复起，不易吾言矣。

"昔者禹抑洪水而天下平，周公兼夷狄，驱猛兽而百姓宁，孔子成《春秋》而乱臣贼子惧。《诗》云：'戎狄是膺，荆舒是惩，则莫我敢承。'无父无君，是周公所膺也。我亦欲正人心，息邪说，距诐行，放淫辞，以承三圣者。岂好辩哉？予不得已也。能言距杨墨者，圣人之徒也。"

（选自《孟子·滕文公下》）

▶ 译文

公都子说："外面的人都说老师您喜欢辩论，请问这是为什么呢？"

孟子说："我难道是喜欢辩论吗？我是不得已而辩论啊！天下有人类很久了，总是一时安定，一时动乱。在尧的时候，水势倒流，在中原泛滥，蛇龙到处盘踞，人们无处居住；地势低的地方，就在树上搭窝栖身，地势高的地方，就打相连的洞穴。《尚书》上说：'洚水警诫我们。'洚水，就是洪水。尧派禹治水。禹开挖河道,让洪水流注进大海;驱逐蛇龙,把它们赶进荒草丛生的沼泽;水都顺着地中间的河道流泄,这就是长江、淮河、黄河和汉水。险阻排除了,危害人类的鸟兽消灭了,然后人们才能够在平地上居住。

"尧舜去世后,圣人之道衰微了,暴君相继出现。毁坏民房开挖成深池,使人民无处安身;废弃农田改作园林,使人民断了衣食来源。荒谬的学说、暴虐的行为纷纷出现,园林、深池、沼泽多了,禽兽又聚集来了。到了商纣时,天下又大乱了。周公辅佐武王杀掉纣王,讨伐奄国,三年后除掉了奄君,把飞廉驱逐到海边杀掉,消灭的国家达五十个,把老虎、豹子、犀牛、大象驱赶到很远的地方,普天之下人心大快。《尚书》上说:'多么辉煌啊,文王的谋略! 后继有人啊,武王的功业! 扶助、启迪我们后人,都正确完美没有欠缺。'

"太平盛世和圣人之道又一次衰微了,荒谬的学说、暴虐的行为又纷纷出现了,有臣子杀君主的,有儿子杀父亲的。孔子感到忧惧,编写了《春秋》。《春秋》,纠正君臣父子的名分,褒贬诸侯大夫的善恶,这是天子的职权。所以孔子说:'了解我的,恐怕就在于这部《春秋》吧! 怪罪我的,恐怕也就在于这部《春秋》吧!'

"如今圣王不出现,诸侯放纵恣肆,隐居不仕的人横发议论,杨朱、墨翟的言论充塞天下。天下的言论,不是归向杨朱一派,就是归向墨翟一派。杨朱宣扬一切为自己,这是心目中没有君王;墨翟宣扬对所有人一样地爱,这是心目中没有父母。心目中无父无君,这就成了禽兽。公明仪说过:'厨房里有肥肉,马棚里有肥马,而百姓面黄肌瘦,野外有饿死的尸体,这好比率领着野兽来吃人啊!'杨朱、墨翟的学说不灭亡,孔子的学说不光大,这会使邪说蒙骗人民,堵塞仁义。仁义被堵塞了,就导致率领野兽吃人,人与人将互相残食。我为此忧惧,决心捍卫古代圣人的思想,批驳杨朱、墨翟的学说,排斥荒诞的言论,使邪说不能产生。邪说从心里产生,就会危害事业;在事业上起了作用,就会危害政治。如果再有圣人出现,也不会改变我这话的。

"从前大禹制服了洪水而使天下太平,周公兼并了夷狄,赶跑了猛兽而使百姓安宁,孔子编写了《春秋》而使犯上作乱的臣子畏惧。《诗经》上说:'打击戎狄,严惩荆舒,就没有谁敢抗拒我。'目无父母、君主的人,正是周公所要打击的。我也想端正人心,扑灭邪说,批判放纵偏激的行为,排斥荒诞的言论,以此来继承禹、周公、孔子三位圣人的事业,这难道是喜欢辩论吗? 我是不得已啊。能够用言论批驳杨朱、墨翟的,才是圣人的信徒啊。"

第二十讲　亚圣品格

1. 阅读《孟子》中孟子生平行事和为人品格的相关记述，理解其"行天下之大道"的人生理想和大丈夫人格，以及自强不息的精神。

2. 认识孟子的大丈夫人格和乐观自信、自强不息精神对于我们修炼人生理想、锤炼意志品格的重要借鉴和启示。

导读提示

《孟子》一书对孟子的生平和行事方面的记录不多，但一些片断真实地记录了孟子的立身处世的情况，生动地描绘了孟子恪守"居天下之广居，立天下之正位，行天下之大道"的做人理想和原则，以及他"富贵不能淫，贫贱不能移，威武不能屈"的铮铮傲骨和大丈夫人格。书中表现出孟子的品格精神主要有以下几方面：一是铮铮傲骨，孟子做人有骨气、有原则，以"不动心"养"浩然之气"，常以激越之辞抒愤世嫉俗之情；二是旷达胸襟，选文 1 中孟子认为行固非人所能使，止亦非人所能尼，其旷达胸襟，可见一斑；三是以礼行事，选文 2 中孟子主张重视丧葬和祭祀之礼，故不厌其烦地给太子做解说。其他诸如通达乐观、自强不息、不堕大志等品格，均对后世文人士子产生了深远影响。

选文 1：行止非人所能

鲁平公将出，嬖人臧仓者请曰[①]："他日君出，则必命有司所之。今乘舆已驾矣②,有司未知所之,敢请。"

公曰:"将见孟子。"

曰:"何哉,君所为轻身以先于匹夫者③?以为贤乎?礼义由贤者出,而孟子之后丧逾前丧④。君无见焉!"

公曰:"诺。"

乐正子入见,曰:"君奚为不见孟轲也?"

曰:"或告寡人曰:'孟子之后丧逾前丧',是以不往见也。"

曰:"何哉,君所谓逾者?前以士,后以大夫;前以三鼎,而后以五鼎与⑤?"

曰:"否。谓棺椁衣衾之美也⑥。"

曰:"非所谓逾也,贫富不同也。"

乐正子见孟子,曰:"克告于君,君为来见也。嬖人有臧仓者沮君⑦,君是以不果来也。"

曰:"行,或使之;止,或尼之⑧。行止,非人所能也。吾之不遇鲁侯,天也。臧氏之子焉能使予不遇哉⑨?"

（选自《孟子·梁惠王下》）

▶ 注释

①嬖(bì)人:受宠的人,此指受宠的小臣。②乘舆:国君出行所用的车辆。③君所为轻身以先于匹夫者:君主做出轻视自身而如此看重一个普通人的事。④后丧逾前丧:指后来为母亲办丧事超过先前为父亲办丧事之礼。⑤三鼎、五鼎:三个鼎的祭品是士的祭奠规格,五个鼎是以大夫的规格祭奠。⑥棺椁衣衾:指丧礼的用具。棺椁,棺材(内棺)和棺材之外的第二层棺材(外棺)。衣衾,装殓死者的衣饰和被褥。⑦沮:阻止。⑧尼:阻止。⑨臧氏之子:指臧仓。

▶ 译文

鲁平公将要出行,他所宠幸的小臣臧仓请示说:"往日君主出行,一定下令告知专职人员到哪里去。如今车辆已经准备好了,专职人员还不知道去哪里,斗胆请问。"

鲁平公说:"将要去见孟子。"

臧仓说:"君主为何会做出轻视自身而如此看重一个普通人的事呢? 君主认为孟子是个贤德的人吗? 礼义是由贤人的行为体现出来的,但是,孟子后来为母亲办丧事超过了先前为父亲办丧事之礼仪。希望君主不要到那里去见他。"

鲁平公说:"好吧。"

乐正子入宫门谒见,说:"君主为什么不见孟轲啊?"

鲁平公说:"有人告诉寡人说:'孟子后来为母亲办丧事超过了先前为父亲办丧事之礼仪',因此不去见了。"

乐正子说:"君主所说的超越礼仪是什么呢? 先给父亲办丧事的时候是根据士的身份,后来给母亲办丧事的时候是根据大夫的身份;前面的丧事用三个鼎的祭品,而后面的丧事用了五个鼎的祭品,说的是这个吗?"

鲁平公说:"不是。我所指的是内棺外椁、衣饰被褥,后面比前面华美。"

乐正子说:"这不算是越礼,而是因为贫富不同。"

乐正子拜见孟子,说:"我向君主说起过夫子,君主本来就要前来见您的。有一个君主所宠幸的臧仓阻止了君主,君主因此最终没有来。"

孟子说:"要前来会有人让他来,不前来也会有人阻止他,是否前来不是某个人所能决定的。我不能与鲁侯相遇合,是天意。臧氏之子怎能使我不能与鲁侯遇合呢?"

选文2:君子之德风也

滕定公薨①,世子谓然友曰②:"昔者孟子尝与我言于宋,于心终不忘。今也不幸至于大故③,吾欲使子问于孟子,然后行事。"

然友之邹问于孟子。

孟子曰:"不亦善乎! 亲丧,固所自尽也④。曾子曰:'生,事之以礼;死,葬之以礼,祭之以礼,可谓孝矣⑤。'诸侯之礼,吾未之学也;虽然,吾尝闻之矣。三年之丧,齐疏之服⑥,飦粥之食⑦,自天子达于庶人,三代共之。"

然友反命,定为三年之丧。父兄百官皆不欲,曰:"吾宗国鲁先君莫之行⑧,吾先君亦莫之行也,至于子之身而反之,不可。且《志》曰⑨:'丧祭从先祖。'曰:'吾有所受之也。'"

谓然友曰："吾他日未尝学问，好驰马试剑。今也父兄百官不我足也，恐其不能尽于大事，子为我问孟子！"

然友复之邹问孟子。

孟子曰："然，不可以他求者也。孔子曰：'君薨，听于冢宰⑩，歠粥⑪，面深墨⑫，即位而哭，百官有司莫敢不哀，先之也。'上有好者，下必有甚焉者矣。'君子之德，风也；小人之德，草也。草尚之风，必偃⑬。'是在世子。"

然友反命。

世子曰："然，是诚在我。"

五月居庐⑭，未有命戒⑮。百官族人可，谓曰知。及之葬，四方来观之，颜色之戚，哭泣之哀，吊者大悦。

（选自《孟子·滕文公上》）

▶ **注释**

①滕定公：滕国国君。②世子：此指滕文公。然友：人名，滕文公的老师。③大故：重大的变故，此处指父亲的去世。④自尽：竭尽自己的心力。⑤曾子曰……可谓孝矣：引文见于《论语·为政》。然而在《论语》中是孔子说的，孟子说是曾子所说，也许另有依据。⑥齐（zī）疏之服：缝衣边的粗布制作的丧服。齐，衣服的缝边。疏，粗，这里指粗布。⑦饘（zhān）粥：饘，稠粥。粥，稀粥。这里是偏义复词，指稀粥。⑧宗国鲁：鲁、滕诸国的始封君都是周文王的儿子，而周公封鲁，于行辈较长，所以其余姬姓诸国都以鲁为宗国。⑨《志》：书名，记国家世系等的一种书。⑩冢宰：官名，原是辅佐天子的官，百官之长，相当于后世的宰相。⑪歠（chuò）：饮。⑫深：很。墨：黑色。⑬君子之德……必偃：见于《论语·颜渊》。尚，同"上"，这里作动词，加于其上的意思。偃，倒下。⑭五月居庐：居住在丧庐中五个月。⑮命戒：命令的指示。

▶ **译文**

滕定公去世，太子对然友说："以前孟子曾经同我在宋国交谈过，我心里始终没有忘记。现在不幸遇到了这大变故，我想让你去请教一下孟子，然后再治办丧事。"

然友到邹国去请教孟子。

孟子说:"这不是很好吗! 父母的丧事,本来就是应该竭尽自己的心意去办的事。曾子说过:'父母在世,以礼侍奉;死了,以礼安葬,以礼祭祀,这样就可以说是孝子。'诸侯的丧礼,我没有学过;虽然这样,我曾听说过。三年的服丧期,穿缝边的粗布丧服,喝稀粥,从天子到百姓,夏、商、周三代都是这样。"

然友回国作了汇报,太子决定实行三年的丧礼。宗室百官都不愿意,说:"我们的宗国鲁国的前代君主,没有谁实行过这种丧礼,我们的前代君主也没有谁实行过,到了你身上却要违反传统,那不行。况且《志》上记载说:'丧礼、祭礼要遵从先祖的规矩。'又说:'我们的做法都是有所继承的。'"

太子对然友说:"过去我不曾讲求学问,喜欢骑马驰骋、比试剑法。现在宗室百官都不满意我,担心我不能竭尽孝道办好丧事,请你替我再向孟子请教。"

然友再次到邹国请教孟子。

孟子说:"是的,这是不能求助于别人的。孔子说:'国君死了,太子把政事托付给冢宰处理,喝粥,面色暗黑,走到孝子的位置上就哀哭,大小官员没有敢不哀伤的,因为太子给他们带了头。'在上位的人爱好什么,下面的人必定对此更加爱好。'君子的道德,好比是风;老百姓的道德,好比是草。风吹到草上,草必定倒伏。'这件事就在于太子了。"

然友返国后做了汇报。

太子说:"对,这的确在于我自己。"

于是太子五个月都住在丧庐里,没有发布过政令指示。百官和同族的人都赞同,认为太子知礼。到了安葬那天,各地的人都来观看葬礼。太子面容悲戚,哭声哀伤,使吊丧的人非常满意。

语言积累

1. 解释下列加点实词的意思。

(1) 孟子之后丧逾前丧(　　　　　)　　　(2) 君是以不果来也(　　　　　)

(3) 父兄百官不我足也(　　　　　)　　　(4) 先之也(　　　　　)

(5) 是诚在我(　　　　　)

2. 解释下列加点虚词的用法和意义。

（1）君奚为不见孟轲也（　　　　　）　　（2）前以士（　　　　　）

（3）吾宗国鲁先君莫之行（　　　　　）

梳理领悟

1. 孟子认为是什么原因导致自己不能与鲁君相见？请结合《行止非人所能》一文简要回答。

2.《君子之德风也》一文体现了孟子怎样的品格？

评析鉴赏

1. 赏析《行止非人所能》一文中鲁平公的形象。

2. 如何评价《君子之德风也》一文中"君子之德，风也；小人之德，草也。草尚之风，必偃"这一观点？

探究表达

1. 到图书馆或上网查阅相关史书典籍，了解历代名人对孟子及《孟子》一书的评价，摘录3—5则，选其中一则谈谈你的看法。

2. 阅读以下材料，你有怎样的思考和认识？请自拟题目，写一篇文章，不少于800字。

　　　　古希腊哲学家伊壁鸠鲁说："认识错误就是拯救自己的第一步。"然而当代哲学家卡尔·波普尔又说："如果我们过于爽快地承认错误，就可能使自己发觉不了我们非常接近于正确。"

拓展阅读

1

　　孟子曰："君子之泽五世而斩，小人之泽五世而斩。予未得为孔子徒也，予私淑诸人也。"

（选自《孟子·离娄下》）

▶ **译文**

孟子说:"君子道德风尚的影响,五代以后就断绝了;小人道德风尚的影响,五代以后也就断绝了。我没能赶上做孔子的门徒,我是私下从别人那里学习孔子的道德学问的。"

2

孟子为卿于齐,出吊于滕,王使盖大夫王骧为辅行。王骧朝暮见,反齐滕之路,未尝与之言行事也。

公孙丑曰:"齐卿之位,不为小矣;齐滕之路,不为近矣。反之而未尝与言行事,何也?"

曰:"夫既或治之,予何言哉?"

(选自《孟子·公孙丑下》)

▶ **译文**

孟子在齐国担任国卿,受命到滕国吊丧,齐王派盖地的长官王骧为孟子的副使。王骧早晚同孟子相见,一起往返于齐国至滕国的路上,孟子却从来没有与他商量过怎样办理公事。

公孙丑说:"齐国国卿的职位不算小了,从齐国到滕国的路程也不算近了。但往返途中未曾与他谈过公事,这是为什么呢?"

孟子说:"他既然已经独断专行,我还有什么话可说呢?"

3

孟子自齐葬于鲁,反于齐,止于嬴。

充虞请曰:"前日不知虞之不肖,使虞敦匠事。严,虞不敢请。今愿窃有请也:木若以美然。"

曰:"古者棺椁无度,中古棺七寸,椁称之。自天子达于庶人,非直为观美也,然后尽于人心。不得，不可以为悦；无财，不可以为悦。得之为有财，古之人皆用之，吾何为独不然？且比化者无使土亲肤，于人心独无恔乎？吾闻之也：君子不以天下俭其亲。"

（选自《孟子·公孙丑下》）

▶ 译文

孟子从齐国到鲁国安葬母亲后返回齐国，住在嬴县。

学生充虞请教说："前些日子承蒙老师您不嫌弃我，让我管理做棺椁的事。当时大家都很忙碌，我不敢来请教。现在我想把心里的疑问提出来请教老师：棺木似乎太好了一点吧！"

孟子回答说："上古对于棺椁用木的尺寸没有规定，中古时规定棺木厚七寸，椁木以与棺木的厚度相称为准。从天子到老百姓，讲究棺木的质量并非仅仅是为了美观，而是因为要这样才能尽到孝心。为礼制所限不能用上等木料做棺椁，不能够称心；没有钱不能用上等木料做棺椁，也不能够称心。既为礼制所允许，又有财力，古人都会这么做，我又怎么不可以呢？况且，这样做不过是为了不让泥土沾上死者的尸体，难道孝子之心就不可以有这样一点满足吗？我听说过：君子不因为天下大事而俭省应该用在父母身上的钱财。"

4

孟子致为臣而归。王就见孟子，曰："前日愿见而不可得，得侍同朝，甚喜；今又弃寡人而归，不识可以继此而得见乎？"

对曰："不敢请耳，固所愿也。"

他日，王谓时子曰："我欲中国而授孟子室，养弟子以万钟，使诸大夫国人皆有所矜式。子盍为我言之！"

时子因陈子而以告孟子，陈子以时子之言告孟子。

孟子曰："然。夫时子恶知其不可也？如使予欲富，辞十万而受万，是为欲富乎？季孙曰：'异哉子叔疑！使己为政，不用，则亦已矣，又使其子弟为卿。人亦孰不欲富贵？而独于富贵之中有私龙断焉。'古之为市也，以其所有易其所无者，有司者治之耳。有贱丈夫焉,必求龙断而登之,以左右望,而罔市利。人皆以为贱,故从而征之。征商自此贱丈夫始矣。"

(选自《孟子·公孙丑下》)

▶ **译文**

　　孟子辞去齐国的官职准备回乡。齐王专门去看孟子,说:"从前希望见到您而不可能;后来终于得以在一起共事,我感到很高兴;现在您又将抛弃我而归去了,不知我们以后还能不能够相见?"

　　孟子回答说:"我不敢请求罢了,这本来就是我的愿望。"

　　过了几天,齐王对臣下时子说:"我想在都城中拨一所房子给孟子,再用万钟粮食供养他的学生,使我们的官吏和人民都有所效法。您何不替我向孟子谈谈呢?"

　　时子便托陈子把这话转告给孟子,陈子也就把时子的话告诉了孟子。

　　孟子说:"嗯,那时子哪里知道这事做不得呢?如果我是贪图财富的人,辞去十万钟俸禄的官不做却去接受一万钟的赏赐,这是想更富吗?季孙曾经说过:'子叔疑真奇怪!自己要做官,别人不重用,也就算了嘛,却又让自己的子弟去做卿大夫。谁不想做官发财呢?可他却想在这做官发财中搞垄断。'这正如古代的市场交易,本来不过是以有换无,有关的部门进行管理而已。但却有那么一个卑鄙的汉子,一定要找一个独立的高地登上去,左边望望,右边望望,恨不得把全市场的赚头都由他一人捞去。别人都觉得这人卑鄙,因此向他征税。征收商业税也就从这个卑鄙的汉子开始了。"

5

　　孟子去齐。尹士语人曰:"不识王之不可以为汤武,则是不明也;识其不可,然且至,则是干泽也。千里而见王,不遇故去,三宿而后出昼,是何濡滞也?士则兹不悦。"

　　高子以告。

　　曰:"夫尹士恶知予哉?千里而见王,是予所欲也;不遇故去,岂予所欲哉?

予不得已也。予三宿而出昼，于予心犹以为速，王庶几改之！王如改诸，则必反予。夫出昼，而王不予追也，予然后浩然有归志。予虽然，岂舍王哉！王由足用为善；王如用予，则岂徒齐民安，天下之民举安。王庶几改之！予日望之！予岂若是小丈夫然哉？谏于其君而不受，则怒，悻悻然见于其面，去则穷日之力而后宿哉？"

尹士闻之，曰："士诚小人也。"

▶ 译文

孟子离开齐国，有个叫尹士的人就对别人说："不能识别齐王是不可以成为商汤和周武王，就是不明白世事；如果能识别其不可以，但是又来了，那就是想要求取国君的恩惠。行走了千里路来见齐王，得不到赏识所以又走了，在昼地留宿了三天才走，是何等想长期滞留在齐国啊。我最不高兴的就是这种事。"

高子把这个话告诉了孟子。

孟子说："那个尹士怎么能知道我呢？行走千里来见齐王，是我的愿望，不得赏识而离开，怎么能是我希望的呢？我是无可奈何呀。我住了三天才离开昼地，在我心里仍觉得快了，就是希望齐王能改变。齐王如果改变，那就会让我返回。而我离开昼地，齐王没有来追赶我，我这才产生了不可遏制的回家的想法。我虽然这样做，怎么是抛下齐王呢？齐王还是足以与他一同行善政的；齐王如果任用我，我岂止能让齐国的人民安居乐业？全天下的人民都可以安居乐业了。就是希望齐王能改变，我才每天盼望着。我难道像是一个目光短浅的小人吗？向国君进谏而不被接受，就发怒，怨恨失意的神色露在脸上，离开时就要拼尽全力后才留宿吗？"

尹士听说孟子这番话后，说："我真是一个小人呀！"

参考答案

第一讲　义利之辨

【语言积累】

1. (1)以……为远,觉得远　(2)以……为后,怠慢　(3)同时拥有　(4)单单

2. (1)有什么可用来　(2)句末语气词,无实义　(3)连词,表并列　(4)介词,比

【梳理领悟】

1. 根本原因在于"上下交征利",人们互相争夺利益。解决的途径就在于提倡仁义。

2. 《鱼我所欲也》阐述了"舍生取义"的重要思想。孟子明确指出个人的物质生命不是最高的价值,道义的价值高于生命,人的精神生命高于物质生命。生与死的选择,以义为标准。

3. 两篇文章都认为在处理义利关系时,"义"是第一位的。讲究仁义不仅是为人的根本,也是治国应遵循的方略,当"义"与"利"相冲突、"生"与"义"相矛盾时,可以舍"利"取"义"、舍"生"取"义"。

【评析鉴赏】

1. 孟子回答的话中开头和结尾反复说"何必曰利",一是反驳梁惠王"有以利吾国"的想法,二是强调自己"有仁义而已"的政治主张。

2. 使用假设论证(或反面论证),强调人一旦将爱惜生命和恐惧死亡发展到极端,那么在生命受到考验的时候,人就会失去准则,做出让人不齿的事情来,最终价值和尊严丧失殆尽,具有警醒人心的作用。

3. 作者在提出"生与义不可得兼,则舍生取义"的论点后,首先从正面指出人之所以能舍生取义,是因为人皆有欲生不为苟得、恶死有所不辟的思想;然后再从反面论述如果人只是欲生恶死,那么什么事都可以做得出来,可是事实上,"义"超过了"生",所以人能够不贪生、不避死,这种羞恶之心人人皆有,贤者更能保存而不丧失;接着举例说明,人即使在饥饿时仍有羞恶之心,自古以来就有宁死不食嗟来之食的人;最后,文章陡然一转,"乡为身死而不受",现在"万钟则不辩礼义而受之",又是为了什么呢?难道是"为宫室之美、妻妾之奉、所识穷乏者得我"?先前为了"义"可以舍"生",现在却为了高官厚禄和物质享受就舍掉了"义",这种行为不是应该停止吗?总结能做到"舍生取义"是因为人有羞恶之心;如果不顾羞耻、不辨礼义而受"万钟"则失掉了"本心",这种行为是应该停止的。全文旨意就在这一劝勉上。

【探究表达】

1. 思考提示:人的生命是宝贵的,我们应该珍爱仅有的一次生命,但这并不表示我们不见义勇为,不伸张正义,只是我们在见义勇为时,要量力而行,在与坏人斗勇的同时还要斗智,尽量避免对自己的损害、对生命的威胁。

2. 附经典阐述

在义与利之外

周国平

"君子喻以义,小人喻以利。"中国人的人生哲学总是围绕着义利二字打转。可是,假如我既不是君子,也不是小人呢?

曾经有过一个"人皆君子、言必称义"的时代,当时或许有过大义灭利的真君子,但更常见的是假义之名逐利的伪君子和轻信义的旗号的迁君子。那个时代过去了。曾几何时,世风剧变,义的信誉一落千丈,真君子销声匿迹,伪君子真相毕露,迁君子豁然开窍,都一窝蜂奔利而去。据说观念更新,义利之辨有了新解,原来利并非小人的专利,倒是做人的天经地义。

"时间就是金钱!"这是当今一句时髦口号。企业家以之鞭策生产,本无可非议。但世人把它奉为指导人生的座右铭,用商业精神取代人生智慧,结果就使自己的人生成了一种企业,使人际关系成了一个市场。

我曾经嘲笑廉价的人情味,如今,连人情味也变得昂贵而罕见了。试问,不

花钱你可能买到一个微笑,一句问候,一丁点儿恻隐之心?

不过,无须怀旧。想靠形形色色的义的说教来匡正时弊,拯救世风人心,事实上无济于事。在义利之外,还有别样的人生态度。在君子小人之外,还有别样的人格。套孔子的句式,不妨说:"至人喻以情。"

义和利,貌似相反,实则相通。"义"要求人献身抽象的社会实体,"利"驱使人投身世俗的物质利益,两者都无视人的心灵生活,遮蔽了人的真正的"自我"。"义"教人奉献,"利"诱人占有,前者把人生变成一次义务的履行,后者把人生变成一场权利的争夺,殊不知人生的真价值是超乎义务和权利之外的。义和利都脱不开计较,所以,无论义师讨伐叛臣,还是利欲支配众生,人与人之间的关系总是紧张。

如果说"义"代表一种伦理的人生态度,"利"代表一种功利的人生态度,那么,我所说的"情"便代表一种审美的人生态度。它主张率性而行,适情而止,每个人都保持自己的真性情。你不是你所信奉的教义,也不是你所占有的物品,你之为你仅在于你的真实"自我"。生命的意义不在奉献或占有,而在创造,创造就是人的真性情的积极展开,是人在实现其本质力量时所获得的情感上的满足。创造不同于奉献,奉献只是完成外在的责任,创造却是实现真实的"自我"。至于创造和占有,其差别更是一目了然,譬如写作,占有注重的是作品所带来的名利地位,创造注重的只是创作本身的快乐。有真性情的人,与人相处唯求情感的沟通,与物相触独钟情趣的品位。更为可贵的是,在世人匆忙逐利又为利所逐的时代,他接人待物有一种闲适之情。我不是指中国士大夫式的闲情逸致,也不是指小农式的知足保守,而是指一种不为利驱、不为物役的淡泊的生活情怀。仍以写作为例,我想不通,一个人何必要著作等身呢?倘想流芳千古,一首不朽的小诗足矣。倘无此奢求,则只要活得自在即可,写作也不过是这活得自在的一种方式罢了。

萧伯纳说:"人生有两大悲剧,一是没有得到你心爱的东西,另一是得到了你心爱的东西。"我曾经深以为然,并且佩服他把人生的可悲境遇表述得如此轻松俏皮。但仔细玩味,发现这话的立足点仍是占有,所以才会有占有欲未得满足的痛苦和已得满足的无聊这双重悲剧。如果把立足点移到创造上,以审美的眼光看人生,我们岂不可以反其意而说:人生有两大快乐,一是没有得到你心爱的东西,于是你可以去寻求和创造;另一是得到了你心爱的东西,于是你可以去品味和体验? 当然,人生总有其不可消除的痛苦,而重情轻利的人所体味到的辛酸悲哀,更为逐利之辈所梦想不到。但是,摆脱了占有欲,至少可以使人免除许多琐屑的烦恼和渺小的痛苦,活得有气度些。我无意以审美之情为救世良策,而只是表达了一个信念:在义与利之外,还有一种更值得一过的人生。这个信念将支撑我度过未来吉凶难卜的岁月。

(选自周国平《朝圣的心路》)

第二讲　志存高远

【语言积累】

1. (1)使……劳累　(2)通"弼",辅佐　(3)的确,确实　(4)使……迷惑、惑乱

2. (1)用这些来　(2)介词,被　(3)副词,怎么　(4)结构助词,用于主谓之间,取消句子独立性

【梳理领悟】

1. 身处逆境和磨难可以激发人的斗志,从而造就人才。

2. 景春认为"一怒而诸侯惧,安居而天下熄"的人就是大丈夫。孟子认为大丈夫应该要心怀仁德,践行礼义,志在天下;得志时,与百姓一同遵循仁义道德,不得志时,独自践行自己的主张;并能不因外界因素(富贵、贫贱、强权)改变自己的追求。

3. 大丈夫能够勇于承担重任;要有忧患意识而不能贪图享乐;做事要有高远的志向;能坚持自己的原则并能不因外界因素和环境改变自己的追求。

【评析鉴赏】

1. 引出并论证"生于忧患"的观点,运用排比,同类并举,增强了文章气势,使论证更充分。

2. 先摆事实,举出古代六位人物成就事业的例子,从中归纳出人才是在艰苦环境中造就的;再分析说明,说明个人成才的主观因素,重点论证"生于忧患",又由个人谈到治国,说明国家要发展,也要有忧患意识;最后归纳出观点"生于忧患,死于安乐"。

3. 运用了对比的说理方法,将"妾妇之道"与"大丈夫之道"做对比。"妾妇之道"表现为顺从,其本质是在权力面前无原则;"大丈夫之道"表现为"富贵不能淫,威武不能屈,贫贱不能移",其本质是对仁义礼的坚守。

【探究表达】

1. 思考提示:人的一生不可能总是一帆风顺,挫折与磨难有时会不期而至。所以生活在"顺境"中的我们要拥有"居安思危"的意识,在平时的学习和生活中不断磨炼自己,让自己的性情变得坚韧起来,自立自强,勤奋进取,使自己成为全面发展的新时代中学生。只有这样,当危难来临时,我们才不会"死于安乐"。

2. 附经典阐述

谈骨气

吴 晗

我们中国人是有骨气的。

战国时代的孟子,有几句很好的话:"富贵不能淫,贫贱不能移,威武不能屈,此之谓大丈夫。"意思是说,高官厚禄收买不了,贫穷困苦折磨不了,强暴武力威胁不了,这就是所谓大丈夫。大丈夫的这种种行为,表现出了英雄气概,我们今天就叫作有骨气。

我国经过了奴隶社会、封建社会的漫长时期,每个时代都有很多这样有骨气的人,我们就是这些有骨气的人的子孙,我们是有着优良革命传统的民族。

当然,社会不同,阶级不同,骨气的具体含义也不同。这一点必须认识清楚。但是,就坚定不移地为当时的进步事业服务这一原则来说,我们祖先的许多有骨气的动人事迹,还有它积极的教育意义,是值得我们学习的。

南宋末年,首都临安被元军攻入,丞相文天祥组织武装力量坚决抵抗,失败被俘后,元朝劝他投降,他写了一首诗,其中有两句是:"人生自古谁无死,留取丹心照汗青。"意思是人总是要死的,就看怎样死法,是屈辱而死呢,还是为民族利益而死?他选取了后者,要把这片忠心纪录在历史上。文天祥被拘囚在北京一个阴湿的地牢里,受尽了折磨,元朝多次派人劝他,只要投降,便可以做大官,但他坚决拒绝,终于在公元1282年被杀害了。

孟子说的几句话,在文天祥身上都表现出来了。他写的有名的《正气歌》,歌颂了古代有骨气的人的英雄气概,并且以自己的生命来抗拒压迫,号召人民继续起来反抗。

另一个故事是古代有一个穷人，饿得快死了，有人丢给他一碗饭，说："嗟，来食！"（喂，来吃！）饿人拒绝了"嗟来"的施舍，不吃这碗饭，后来就饿死了。不食嗟来之食这个故事很有名，传说了千百年，也是有积极意义的。那人摆着一副慈善家的面孔，吆喝一声"喂，来吃！"这个味道是不好受的。吃了这碗饭，第二步怎样呢？显然，他不会白白施舍，吃他的饭就要替他办事。那位穷人是有骨气的：看你那副脸孔、那个神气，宁可饿死，也不吃你的饭。

不食嗟来之食，表现了中国人民的骨气。

还有个例子。民主战士闻一多是在1946年7月15日被国民党枪杀的。在这之前，朋友们得到要暗杀他的消息，劝告他暂时隐蔽，他毫不在乎，照常工作，而且更加努力。明知敌人要杀他，在被害前几分钟还大声疾呼，痛斥国民党特务，指出他们的日子不会很长久了，人民民主一定得到胜利。毛主席在《别了，司徒雷登》一文中指出："许多曾经是自由主义者或民主个人主义者的人们，在美国帝国主义者及其走狗国民党反动派面前站起来了。闻一多拍案而起，横眉怒对国民党的手枪，宁可倒下去，不愿屈服。"高度赞扬他表现了我们民族的英雄气概。

孟子的这些话，虽然是在2000多年以前说的，但直到现在，还有它积极的意义。当然我们无产阶级有自己的英雄气概，有自己的骨气，这就是决不向任何困难低头，压不扁，折不弯，顶得住，吓不倒，为了社会主义、共产主义建设的胜利，我们一定能够克服任何困难，奋勇前进！

（选自吴晗《吴晗杂文选》）

第三讲　以仁存心

【语言积累】

1. (1)反省　(2)来到，发生　(3)俗人　(4)称王，做君王　(5)蔓延　(6)明白，知道

2. (1)介词，和……比　(2)副词，至于　(3)兼词，于此　(4)介词，在

【梳理领悟】

1. 孟子认为君子与普通人不一样的地方在于他的"存心"。君子存心于仁

义,时刻不忘道德修养,这是他们终生的忧虑。"存心"问题其实就是人生理想追求、精神家园的问题。

2. 第一种实为孝悌之情,第二种出于对自身维护的追求,第三种则来自"己欲立而立人"的责任感。

3. "欲之"的不一定是"所乐","乐之"的不一定是"所性"。想要的不一定是快乐之所在,乐于要的也不一定是本性的追求。孟子突出君子三个不同层次的追求,是想要突出强调君子本性的追求就是仁义礼智,实现仁义礼智才是君子的人生价值和终极目标。

【评析鉴赏】

1. 文中多次提到舜,是想说明君子的道德追求是不做普通人,而要做天下的楷模,做"以仁存心"和"以礼存心"的人。

2. 孟子说理逻辑严密。这段文字中,孟子先通过谈论君子"欲""乐"的内容,引出君子的本性,并对其特点进行说明,最后进一步肯定君子本性的作用。

【探究表达】

1. 译文:

(1)学习不觉满足,这样就有智慧;教人不知疲倦,这是实践仁德。既有仁德又有智慧,老师已经是圣人了。

(2)爱别人,却得不到别人亲近,就要反过来问自己是否仁爱。

(3)仁人把给予他所爱的人的恩德推及他所不爱的人,不仁者把带给他所不爱的人的祸害推及他所爱的人。

(4)人人都有不忍心干的事,把它推及他所忍心去干的事上,就是仁。

(5)同情心就是实行仁的开始。

(6)所谓仁,意思就是人,人和仁结合起来,就是所说的道。

2. 附优秀例文

天地本宽,人心应舒

上海市崇明中学　张　弛

《菜根谭》中说:"仁人心地宽舒,便福源而庆长。鄙夫念头近促,便禄薄而泽短。"理固宜然。

这一道理凝聚了丰富的传统中华智慧,已然能被国人广泛接受。然而身处社会之中,我们的身份是传统思想中受人尊崇的心地宽舒之仁人,还是受人鄙视的念头近促之鄙夫?

以如今网络社交平台和大众媒体为例,语言攻击的现象层出不穷,这是社会戾气的体现,而此类社会戾气又加剧了网络负能量的传递,造成网络负能量与社会戾气的恶性循环,多少人不经意间沦为鄙夫……由此可见,做仁人并非如此容易,我们中的大多数只处于鄙夫与仁人的夹缝中,仰视仁人的背影,却久久难以脱离鄙夫的圈子,而又试图改变现状……

《菜根谭》又有言:"天地本宽,而鄙者自隘;风花雪月本闲,而冗者自扰。"心地宽舒,可以使我们不受自身与外界的局限,不抹杀自己的可能性,尽可能地在世界自由穿梭。对于自己,毛姆有一颗宽舒的心,不因自己的口吃与心理疾病使其远离律师梦想而痛苦,反而将它作为自己细腻情感的来源,获得了巨大的写作资源。对于他人的喜好或意见,我们也应抱有宽容之心,不应该随意地用"喜欢"或"讨厌"去评定,李月亮说:"不要随便说不喜欢,那样你谋杀了很多可能性。"拘囵者死,超脱者生,天地本宽,心也该宽些才是。

然而,为何我们中的大多数做不到心地宽舒,而总陷于鄙陋扰冗的泥潭?对评论对象的了解程度低是一大原因。当我们心胸狭隘,一味否定时,我们对于外界的事件与观点往往不了解或没有耐心了解或了解片面,只根据有限的理解妄加评论。基于这一基础上,我们尤其容易盲目跟风,人云亦云。如果自己还处于一个有限而闭塞的人际网络中,思维被同化甚至扭曲,上述现象的发生几率便会被大大提高。对于自身的鄙陋亦可归结于上述原因。反观当下社会,无论是碎片化知识与片面化理解,还是跟风的盲目性,或者是使思维被同化的人际网络,都普遍存在于每一个人身边,因而社会的鄙陋扰冗与社会戾气现象才会如此严重。

摆脱"鄙夫"的身份而成为"仁人",或许我们需要的不只是一颗宽舒的心,还需要善于观察与发现的眼睛和经过独立思考后能做出清晰判断的头脑。

天地本宽,人心应舒。

第四讲　浩然正气

【语言积累】

1. (1)畏惧　(2)停留　(3)专一,专心　(4)突然,一下子　(5)惬意,满足

(6)认为

2. (1)结构助词,用于主谓之间,取消句子独立性　(2)连词,表承接　(3)副词,哪里,什么　(4)连词,表修饰

【梳理领悟】

1. 要培养"浩然之气",最根本的就是"义"和"道"。孟子认为,做每一件事都合乎义,自然就能养成至大至刚的浩然之气,不必急切地追求成功,那样做只会有害。

2. 孟子先以养勇为例,说明修养在于不动心,即不畏难,不自恐不能行;再由修养不动心而论述养浩然之气的重要性和途径。两篇选文的均围绕"浩然之气"来论述阐发。

【评析鉴赏】

1. 孟子认为北宫黝的不动心之勇,是以士可杀而不可辱的观念为勇,志在必胜,孟施舍的不动心之勇是志在求胜的血气之勇,以此衬托曾子的义理之勇。孟子强调义理之勇,是真正的不动心的大勇,其他之勇都是小勇,不足为道。

2.《不动心而养勇》以北宫黝、孟施舍、曾子三人培养勇气为例,具体地谈了修养"不动心"的方法,强调曾子的义理之勇是真正的不动心的大勇。《我善养吾浩然之气》运用"揠苗助长"的寓言故事,说明"义"一定要在内心培养积累,不要靠外力助长的道理。

【探究表达】

1. 思考提示:可以选择苏武、辛弃疾、文天祥、岳飞、秋瑾等历史人物。

2. 附优秀例文

道德源于心,不为名

上海市崇明中学　颜艳卿

我们是否还徘徊在"担"与"不担"之间?担,可是我们的脸、我们的自尊往哪搁;不担,道德心却石沉大海。"一个行为有两种动机,一个光明,浮在表面,一个晦暗,沉在底里。"周国平如是说道。道德心的流露闪现的是你内心晶莹的真挚,不为名与利在灯红酒绿中的浮沉。道德源于你的心!

笛卡尔说他痛恨一切名声,因为名声夺走了他最深爱的精神与宁静。而可惜的是有些人为了出名不惜恶搞,有些人为了出名而砸钱,有些人为了出名甚至愿意出卖自己的良心。前一段时间陈光标携现金捐巨额给红十字会的事件闹得沸沸扬扬，之后他不断在公开场合出现，每次都捐现金，每次必有报道，人称"中国首善"做"高调慈善"。确实，他在为慈善事业捐出自己的一份爱心，可是从他喜欢捐现金却可清晰地看出他冲着名而去的目的，和那些与被帮助者合影留念的人一样伤害了他们的自尊。反观刘同学的不畏风雨，站在政府门前等回复的行为，一个是用虚荣叠成的金钱砌起一座名利双收的城堡，一个是用真心铸造的道德维护一群孤独无依的心灵，然而后者带给我们的震撼显然更能让我们感受到大爱的无疆。道德源于心，出于对陷在苦难泥潭里的人习惯性地伸出援手，打开自己内心最柔软的地方存放对弱者的怜悯。而此刻他的"高调慈善"还不及一位年迈不知名的老人捐50元给贫困山区里的儿童来得有价值。

道德源于心，重的是情意，不在于多少，不为名利；道德源于心，若是你的真心付出，便会真心体现。

风景一成名胜，便游人纷至。中国人似乎存在着一种盲目跟风的现象，可惜赫赫有名的人未必优秀，默默无闻的人未必拙劣。出于同一种道德心，同一种源于心的情感，同样值得珍惜。初中的数学老师姓施，她教了我们两年，到了初三却不知为何被调走了。后来我们得知，由于陈伯吹学校（一民工子弟学校）缺乏师资，是老师主动提出去支教的。往日里她对我们这帮小孩哭笑不得，秉承一贯的"受不了"（口头禅），直至临走前也没说一句感人肺腑的话，一如既往的严格，但却毫无预兆地没再教我们到最后，很是让我们意外地感伤，毕竟是朝夕相处的老师。但，想到那些缺少关爱的留守儿童眼里所流露出的求知欲、那由心而发的渴望时，我理解了老师。同学们于是在留言板上写下了祝福，有的答应下次寄去学习用品和书，然而老师的那句回复却让我难忘：爱，是源于心给予的，不求回报。道德源于心，不是嘴上说说，而是真正的行动，不为名，只为照亮别人的一方不曾温暖的峡谷。

"公益不是简单的活动，不是高调的作秀，也不是一种悲情的苦行。公益是一种习惯……"道德心不是泛滥的爱，而是一些我们不知不觉中能够帮助到他人的行为。道德心，是我们随手将有余的零钱给忘带车费的人，报以微笑；道德心，是我们不仅能够给予别人温暖，也能保护受帮助者的自尊；道德心，是我们永远铭记在心，永远出于习惯的个人守则，即使丰衣足食，也不忘更多需要温暖的人。

因此,请你在看到学校里的生水痘的同学时,不要嫌弃,他需要平等的对待与加倍的关怀,哪怕递一张纸巾,给一点安慰。道德源于心,没有枯燥无味的概念,没有功利的比赛精神,没有高低好坏之分,有的只是一种习惯,习惯性地伸出双手,不求回报,它像一首轻柔的曲子,安抚着另一颗受伤的心。出于习惯,源于心!

倘若,你把支边、默默慈善的人看成悲情剧中的主角,那你输了。道德心不是明码标价的物品,被豪主们拍卖,它源于心,从不刻意。它像是一条潺潺流过柔软河床的小溪,滋润着沿岸饥渴的万物。

如果你真的把生命放进去,所有色彩和线条都会诚挚地帮你记录下来;道德源于心,不为名。

第五讲　中庸之道

【语言积累】

1.(1)厌恶恶劣的行径　(2)以……为卑,觉得低下　(3)忧愁,忧虑(4)交往　(5)伤害,损害　(6)批评,指责

2.(1)介词,用,这里引申为穿上　(2)动词,按照,遵循　(3)兼词,何不(4)"以何"的倒装,为什么

【梳理领悟】

1.孟子指出二人均有不足,认为伯夷气量狭小,柳下惠不严肃。当然,孟子意在告诉世人,要学习伯夷的"清",但不至于"隘"而不能容纳别人,要学习柳下惠的"和",但不至于"不恭"而丧失标准原则最终导致同流合污。

2.似是而非,混淆是非;巧言谄媚,夸夸其谈;混同于流俗,相合于污世;平时好像忠厚诚实,行动好像方正纯洁,但是不能进入尧舜的道德规范,是残害道德的人。

3.孟子要求为人处世要取中庸之道,要和奉行中庸之道的人交往。把"清"和"和"糅合到一起,防止注重了这一面而丢失另一面,从一个极端走向另一个极端;不做狭隘之人,不做不恭之人,不做狂狷者和乡愿者。

【评析鉴赏】

1.将伯夷气量狭小和柳下惠不严肃的性格作对比,衬托君子为人处世要防止走伯夷和柳下惠的极端,强调既要学习伯夷的"清",但不至于"隘"而不能容纳

别人,又要学习柳下惠的"和",但不至于不恭而丧失标准原则最终导致同流合污。

2. 由万章研究孔学过程中提出的"孔子在陈,何思鲁之狂士"问题引出中道之和狂狷之人,再由"敢问何如斯可谓狂矣""何以谓之狂也""何如斯可谓之乡原矣""孔子以为德之贼,何哉"的追问引出对乡原之人的评说,最后提出"反经"这一具有普遍意义的治国之道。

【探究表达】

1. 思考提示:中庸之道,指不偏不倚、折中调和的处世态度。其内涵实质是要求我们认识客观规律、遵循客观规律,对任何事物都持谨慎与理智的态度,不盲从、不躁动,适可而止。中庸思想不仅可以作为个人修身养性的基本准则,也可以作为我们在处理人际关系时的道德准则,甚至也可作为人与自然和谐共处的基本原则。

2. 附优秀例文

行中庸之道

上海一考生

人心中总有一些坚硬,同时也必有一些柔软。如何处理对待,关乎如何构建和谐的内心。

行中庸之道是儒家的一大命题,贯穿了中国前后五千年的历史。中庸并非单纯地平凡于人世之间,在面对内心的坚硬与柔软时,则选择逃避。正相反,我们所能做的是在坚硬与柔软之间寻求平衡点,不做一味坚硬的偏执的人,也不做一味柔软的优柔寡断的人,以自己正确的认知与态度来保持平衡,从而缔造和谐的自我。我们自然无法全面地参透孔子博大精深的思想,成为圣人,但我们可以尽量地靠近"中庸之道",来帮助自我修身养性,达到坚硬与柔软之间的相对平衡。

以德报怨,可乎?我们一味地用内心的柔软来面对,或者直接逃避这些恶意,可以吗?这自然是不行的,孔夫子在数千年前便给出了答案——以直报怨,以德报德。用我们自身正直向上的品质作为坚硬的一面去面对怨恨;而用自我的德来报答对方的德行,一味地忍让与宽厚并非是行"中庸之道"。孔夫子推行的是把握好内心的坚硬与柔软,以恰当的方式来处事。我们若是一味地偏向柔

软,那不是君子,那是懦夫。但同时,若一直偏执于坚硬的一面,又失人情之味。自古便有儿子因父亲偷羊养育家人却将其告上法庭的故事。这便是一味偏于坚硬,不以柔软中和,导致忽视亲情的情况。儿子并未寻求到坚硬与柔软的平衡点,以直报德,纵使有了大公无私的美名,却失去了重要的亲情,无法造就和谐的内心。而行"中庸之道",妥善处理其中的人际关系,处理好坚硬与柔软的平衡,方能造就平和的心灵。

所谓中庸之道,并非指宽恕社会中不美的一面,而是以内心的正直品格来面对。我们抱怨这个社会不公与黑暗,这个社会的各种不公与黑暗给自己带来的伤害,但我们又不敢在不公发生时站出来指出,只因一时的怯懦而逼迫自己安于平凡。这并非行中庸之道,而是没有处理好内心的平衡。在不公发生时过于柔软,或放马后炮,从而表现自我坚硬的一面,这种矛盾的心态又如何造就和谐的自我?中庸真正的含义不在于一味的宽厚,或一味的坚持,前者过了便是怯懦,后者过了便是劣性的偏执。

正确处理好坚硬与柔软的关系,在社会中黑暗面浮出水面时敢于指出,美好之面展现时学习回报,行中庸之道,锻炼出自己和谐的内心。

第六讲　为官之道

【语言积累】

1.(1)慰问　(2)如同,好像　(3)完备　(4)到,往　(5)体弱多病　(6)草料,草场

2.(1)副词,同"已",太　(2)结构助词,用于主谓之间,取消句子独立性(3)连词,表修饰　(4)助词,的

【梳理领悟】

1.孟子说了两个问题。第一个问题是要不要做官,孟子认为君子为了实现自己的理想抱负,应该积极入世,出来做官。这在春秋战国时代有一定的合理性。春秋时代读书人本来就很少,读书的目的就是为了得到君王的赏识和选拔,成为国家的管理者。第二个问题就是通过什么样的渠道当官,孟子的观点是通过正道而不是通过讨好、献媚、行贿、做假等歪门邪道。这一观点在今天也还是适用的,而且更有现实价值。

2. 陈述内容是孔距心没有尽到自己的责任,在凶年饥岁老百姓无法生存,却没有予以救济,及通过牧牛羊作比,让孔距心及时醒悟。陈述目的是让齐王明白无论是官员还是国君,都要有责任心,不要对百姓的生死不负责任,无动于衷。仁政爱民,是上至君王,下至长官都应自觉履行的基本德行。

【评析鉴赏】

1. 都运用了譬喻说理的方法,形象而生动。《君子由其道而仕》一文以男女苟合偷情为喻,谴责了那些不由其道、不择手段去争取做官的人。《孟子责平陆大夫》首先以持戟之士失伍和孔距心失职相比,而孔距心却推卸责任,接下来以放牧牛羊和治理地方百姓相类比,使其意识到自己的过错。

2. 孟子在平陆直言平陆之政的弊端,一针见血,看到了平陆不得治的根源;在地方官承认自己的失职之后,又向齐王指出了地方官的实情,问责齐王,令齐王也承认了自己的错误。孟子可谓是一个热心直爽的人,一个勤政爱民的人。

【探究表达】

1. 译文:

孟子说:"处于下级的地位不能得到上级的信任,老百姓就无法治理好。得到上级的信任是有办法的,首先要取得朋友的信任,假如不能取信于朋友,就不能得到上级的信任。取信于朋友是有办法的,首先要得到父母的欢心,侍奉父母不能让他们高兴,就不能取信于朋友。让父母高兴是有办法的,首先要诚心诚意,如果反躬自问而心意不诚,就不能让双亲高兴。使自己诚心诚意是有办法的,首先要懂得什么是善,不明白善的道理,就不能使自己诚心诚意。因此,诚,是上天的准则;追求诚,是为人的准则。极端诚心而不能使别人动心的,是从来没有的。不诚心,则从未有过能感动人的。"

2. 附经典阐述

治人者必先自治

陈鲁民

最近,"打铁还需自身硬"这句话引起了人们的热议。领导干部如何才能自身硬?笔者就说上几个小故事。

1935年6月,红军长征进驻藏区。毛泽东的妻弟贺敏仁是个"红小鬼",是一个团的司号员。饥饿中的他走进一座喇嘛庙,但没有找到吃的,他发现了一些

银元和铜板。于是,他擅自拿了一些银元,准备下山给大家换些干粮。这件事情暴露后,战友们十分气愤:有的建议斗争他,有的主张开除他的军籍。因为当时特殊的地域特殊的环境,师领导决定严肃军纪,下令枪毙了 17 岁的贺敏仁。事后,毛泽东劝慰妻子贺子珍说:"我们就是要用红军铁的纪律来要求部队,也包括自己的亲人!"红军纪律就是这样硬起来的。

1938 年 9 月,云南省主席龙云最宠爱的女儿报考西南联合大学附中落榜。龙云让秘书长去找校长梅贻琦疏通。因为梅贻琦在主持西南联合大学时得到过龙云许多帮助,他们关系很好。但秘书长为难地欲言又止,龙云发怒道:"你还不快去!"秘书长小声地回答说:"我打听过了,梅校长的女儿梅祖芬也没有被录取。"龙云顿时愕然气消,从此不再提及此事,让女儿上了一所普通中学。梅校长不走后门的原则就这样硬起来了。

英国伦敦大学人类心理与行为实验室曾经做过一个"水果与幼儿"的实验:在一个幼儿园,甲房间的老师从筐里拿出一些又香又甜的热带水果对孩子们说:"这些水果有毒,你们不能吃!"不过,说完这句话后,他自己却吃了一口水果,边吃边离开了房间。结果不到 5 分钟,就有 94％的孩子去拿水果吃。乙房间的老师也说了同样的话,但他自己没有尝水果,就离开了房间。10 分钟后,只有约 7％的孩子禁不住水果的诱惑,偷吃了水果。教育效果就这样硬起来了。

与此相反,明朝重臣张居正任期内出台了许多廉政措施,反腐败的口号喊得很响。遗憾的是,他一方面要求下属清正廉洁,一方面自己却大肆挥霍,收礼受贿。据《明史》载,张居正为省亲,不惜巨资做了 32 人抬的大轿,极尽奢华,且一路招摇,收礼无数。他还利用手中的权力,为儿子科场舞弊,3 个儿子都在他当政时中进士,其中榜眼、状元各一。正因为他对人对己两个标准,"严以责人,宽以待己",所以无法服众,他的反腐败措施也就硬不起来了,最后流于形式。

以史为鉴,古今中外,一团体、一政党、一国家,要想风清弊绝,气正人和,那就得纪律硬、制度硬、法规硬、作风硬。领导干部"自身硬"是其中的关键,道理很简单:"其身正,不令而行;其身不正,虽令不从。"所以,为官者必须时时牢记:"治人者必先自治,责人者必先自责,成人者必先自成。"

(选自 2012 年 12 月 11 日《检察日报》)

第七讲　交友之道

【语言积累】

1.（1）依仗，仰仗　（2）以……为师　（3）安排住宿　（4）用酒食招待
（5）敬重贵人　（6）因此，所以

2.（1）连词，表修饰　（2）介词，相当于"以"，以……的身份　（3）副词，就

【梳理领悟】

1. 孟子所说的"不挟长，不挟贵，不挟兄弟"，就是强调友情要纯洁，不可以掺杂金钱、地位等利害关系的因素在内。所说的"友其德"指交朋友是为了结交道德之人，辅助自己的德行。

2. 孟子认为君子要善于交友，交有德之友，交善士；要不断地在交友中提高自己的道德水平，结交道德更加高尚的人；不但要和今人交友，还要和古人交友，来提高自身的修养。

【评析鉴赏】

1. 文章列举了大量在交友方面的模范人物为例论述，但角度不一。举孟献子与五个人交朋友，是为了论述"百乘之家"交友"不挟长，不挟贵，不挟兄弟"的原则；举费惠公与颜般交友的例子，是为了说明"小国之君"也遵循上述交友的原则；举晋平公与亥唐交友和尧舜交友为为例，是为了论述"大国之君"与普通百姓"贵贵尊贤"的交友之道。三个层面的例子，从不同角度强化了"友其德，不可以有挟"的观点，因而不显累赘。

2. 孟子认为与古人交朋友，就是诵他们的诗，读他们的书，而为了要正确理解他们的诗和他们的书，就应当要了解写诗著书的人，要了解写诗著书的人，又离不开研究他们所处的社会时代，这就是所谓"知人论世"。后来文学批评家把孟子"知人论世"的主张与"以意逆志"相提并论，成为传统文学批评的重要方法，也奠定了孟子在中国文学批评史上的重要地位。

【探究表达】

1.《论语》中关于交友的论述：

（1）曾子曰："吾日三省吾身：为人谋而不忠乎？与朋友交而不信乎？传不习乎？"（《学而》）

（2）子曰："巧言、令色、足恭，左丘明耻之，丘亦耻之。匿怨而友其人，左丘明耻之，丘亦耻之。"（《公冶长》）

（3）颜渊、季路待。子曰："盍各言尔志？"子路曰："愿车马衣轻裘，与朋友共，敝之而无憾。"颜渊曰："愿无伐善，无施劳。"子路曰："愿闻子之志！"子曰："老者安之，朋友信之，少者怀之。"（《公冶长》）

（4）子曰："主忠信，毋友不如己者，过则勿惮改。"（《子罕》）

（5）孔子曰："益者三友，损者三友。友直，友谅，友多闻，益矣；友便辟，友善柔，友便佞，损矣。"（《季氏》）

2. 附经典阐述

交友之道

于 丹

一个人有什么样的朋友，直接反映他的为人。

要了解一个人，你只要观察他的社交圈子就够了，从中可以看到他的价值取向。这就是我们经常说的"物以类聚，人以群分"。

人们常说："在家靠父母，出门靠朋友。"朋友在一个人的社会活动中无疑是非常重要的。朋友像一本书，通过他可以打开整个世界。

但是朋友有好坏之分。良朋益友可以给你带来很多帮助，恶朋佞友却会给你带来很多麻烦，甚至引你走上邪路。因此，选择朋友就显得非常重要。

那么什么样的朋友是好的朋友？什么样的朋友是不好的朋友？怎样才能交上好的朋友呢？

《论语》里面给出了答案。

孔夫子非常看重一个人成长过程中朋友的作用。孔子教育自己的学生要交好的朋友，不要结交不好的朋友。他说，这个世界上对自己有帮助的有三种好朋友，就是所谓"益者三友"，是友直、友谅、友多闻。

第一，友直。直，指的是正直。

这种朋友为人真诚，坦荡，刚正不阿，有一种朗朗人格，没有一丝谄媚之色。他的人格可以影响你的人格。他可以在你怯懦的时候给你勇气，也可以在你犹豫不前的时候给你果决。所以这是一种好朋友。

第二，友谅。《说文解字》说："谅，信也。"信，就是诚实。

这种朋友为人诚恳，不作伪。与这样的朋友交往，我们内心是妥帖的，安稳的，我们的精神能得到一种净化和升华。

第三，友多闻。这种朋友见闻广博，用今天的话说就是知识面宽。

在孔子生活的先秦时代，不像我们今天有电脑，有网络，有这么发达的资讯，有各种形式的媒体。那个时候的人要想广视听怎么办呢？最简单的一个办法就是结交一个广见博闻的好朋友，让他所读的书，让那些间接经验转化成你的直接经验。

当你在一些问题上感到犹豫彷徨，难以决断时，不妨到朋友那里，也许他广博的见闻可以帮助你做出选择。

结交一个多闻的朋友，就像拥有了一本厚厚的百科辞典，我们总能从他的经验里面，得到对自己有益的借鉴。

《论语》中的益者三友，就是正直的朋友，诚实的朋友，广见博识的朋友。

但是，好人坏人都不会写在脸上，我们怎样才能交到好朋友而远离坏朋友呢？

要想交上好朋友，不交坏朋友，需要两个前提：一是意愿，二是能力。在孔子的理论里，前者叫作"仁"，后者叫作"知（智）"。

那么究竟什么是仁呢？孔子的学生樊迟曾经问过他的老师。老师只回答了两个字："爱人。"真正爱他人就是仁。樊迟又问，什么叫"知（智）"？老师同样回答了两个字："知人。"了解他人就是有智慧。

可见，我们想要交上好朋友，第一要有仁爱之心，愿意与人亲近，有结交朋友的意愿；第二，要有辨别能力。这样才能交到品质好的朋友。有了这两条，就有了保障交友质量的底线。

（节选自《于丹〈论语〉心得》，中华书局）

第八讲　尽心知性

【语言积累】

1. (1)本来　(2)相差，相比　(3)美好的　(4)有的人　(5)吸引，引诱(6)给予，赋予

2. (1)连词，表转折　(2)相当于"至于"　(3)介词，被　(4)副词，那么

【梳理领悟】

1. 孟子认为从天生的资质看,每个人都是善良的,每个人都有同情心、羞耻心、恭敬心、是非心,它们都属于仁义礼智。之所以会有人表现丑恶的一面,不是这些人的本性丑恶,而是他们没有去探求仁义礼智,放弃了仁义礼智。

2. "大体"指人心,反映一个人的理性思考,心作为思考的器官,起到识别、统率的作用,因而心为大,居主导地位。"小体"指人的眼、耳等感觉器官,能感知外物却不能思考。所以,心是耳目之官的主宰,只有心树立起来,耳目等感官才不会被外物蒙蔽。

【评析鉴赏】

1. 孟子首先认为应当把人性之善和后天的行为区分开来,人的行为品行不善,并不是人性材质问题;接着阐述人性有"四心",即恻隐之心、羞恶之心、恭敬之心和是非之心,这"四心"是人固有的,不是后天思索获得的;最后强调人的道德品质低下是因为没有发挥人的本质,而不是人性有善与不善的区别。

2. 孟子首先将人分成大人和小人两类,大人即品德高尚的人,小人即道德低劣的人;接着从归因分析的角度阐述大人者从其大体,小人者从其小体;然后指出"心"即"大体"器官,与耳目这类"小体"器官不同,"心"反映的是理性思考;最后强调人要通过思考获得事物的道理,强调大体的作用。

【探究表达】

1. 思考提示:孟子从"性善论"出发,提出"恻隐之心,仁之端也"的观点。他认为"仁"存在于人心中,以恻隐之心为萌芽,实现仁的过程就是以恻隐之心作为起点不断放大外扩的过程。这样,仁就有了一个非常坚实的基础。陀思妥耶夫斯基在其小说《白痴》中也曾指出,"恻隐之心是整个人类存在的最主要的法则,可能也是唯一的法则",可见东西方文化对于"恻隐之心"的认识有相通之处。正是恻隐之心的存在才使人性之善得以体现,无论何时,提倡恻隐之心都是营造一个有爱心的社会所必需的。

2. 附优秀例文

有一种温暖来自自身

上海市崇明中学 顾怡赟

龙应台曾描述过这样一个故事,贫穷落魄的荞看到路旁不知名的小野花,内心便燃起了希望和温暖。但你是否想过，野花只是一个寄托，若不是莳自身对生活的乐观和坚定，一束野花又有何用？因而我想说，有一种温暖来自自身。

这里的温暖，是山穷水尽后的坚定，是踏破铁鞋后的执着，是陷入深渊后的乐观。多数时候，人只有被逼入绝境后才会激发潜能，否则就总会依赖他人的帮助，依赖外界的恩惠。郭德纲说过，没有伞的孩子只能奔跑，所以有一种温暖是来自自身对希望的渴求。

来源于自身的温暖比外界给予的援手更有震撼力。试问，学步的孩童要怎样才能自己奔跑，父母牵着还是自己摸爬滚打？答案不言自明。外界的帮助也许会对人短时间内有所裨益，但从长远角度看，只有自身发展，才能让自己永立于不败之地。这也就是为什么历史上有那么多人受到过良好的教育和帝王的恩宠，能写出《史记》的却只有司马迁——一个受过宫刑的人。外界对他的摧残让他倍感寒冷，但他却以自身的温暖点燃了希望的火炬，以自身的努力在历史的长卷中镌刻下自己的名字。

纵观古今，我们不难发现那些为我们所熟知的伟人，都是靠着自己来温暖自己。饱尝了国破家亡、颠沛流离的李清照，凭着自己不屈不挠的意志，拿起笔叙写命运的不公；病魔缠身的霍金，凭着自己对科学的向往，支撑起了孱弱的躯体。那种来自自身的温暖，在他们最困顿之时，指引着他们前行，激励着他们奋进，督促着他们坚持。我们又何尝不能像他们一样温暖自己？切莫学卖火柴的小女孩，把自己生的希望寄托在一根根小小的火柴上，最后只能冻死街头。我虽同情她悲惨的命运，却也遗憾她不能自己发奋，为自己挣得一条出路。

然而，当今社会的我们，却日渐习惯于依赖父母、老师给予的温暖，自己把自己禁锢在一个狭小的牢笼里。一旦离开了他们，就开始抱怨世界的漆黑寒冷。殊不知，我们自己也可以为自己撑起一片广阔的蓝天。

有一种温暖来自自身，不要总期望寒夜中有人会给你盖上一条厚棉被。很喜欢这样一句诗："行至水穷处，坐看云起时。"倘若有那份源于心底的温暖相伴而行，何愁不能安享云卷云舒？

第九讲　不可无耻

【语言积累】

1. (1)觉得有羞耻，知道羞耻　(2)诡诈，捣鬼　(3)赶得上，比得上　(4)满

足　(5)四处张望　(6)依赖,指望

2. (1)结构助词,用于主谓之间,取消句子独立性　(2)助词,的　(3)助词,的

【梳理领悟】

1. 第一段是从总体上强调羞耻心对于人的重要性,第二段强调人具有羞耻心是积极进取的重要前提。

2. 作者在文末以简洁的语言点明寓意,揭露当时达官贵人们追求功名利禄的手段完全跟这位在坟间乞讨祭食的良人一样无耻,连他们的妻妾都感到十分羞耻。

【评析鉴赏】

1.《人不可以无耻》是直接阐述"耻"对于为人的重要作用,并从反面论述"无所用耻"的后果是成为机变巧者。《齐人有一妻一妾》则通过寓言谈"耻",把世上不惜放弃尊严廉耻、追求富贵利达者的面目讽刺得入木三分。

2. "齐人"去坟地求乞祭祀剩余的食物,不餍不返,归家时又在妻妾面前大吹大擂,一"乞"、一"骄"形成对比。通过对比,人物内在品格的委琐与外表的庄重自足形成强烈的反差,达到了美学上的滑稽效果,形成了尖锐的讽刺,有力地揭露了齐人可笑的虚荣心。

【探究表达】

1. 思考提示:文章通过一个生动的寓言故事,辛辣地讽刺了那种不顾礼义廉耻,以卑鄙的手段追求富贵利达的人。现实生活中,也不乏此类"齐人"的影子。他们表面光鲜亮丽,在他人面前耀武扬威,其实是自欺欺人,根本没有能力,也没想通过努力挣得属于自己的东西;他们在光天化日下冠冕堂皇,自我炫耀,暗地里却行径卑劣,干着见不得人的勾当。比如通过拍马溜须、迎合谄谀而"成功"的人,通过拉帮结派搞人际关系走上领导岗位的人,等等。其实,"良人"作为君子,也算是社会的中坚,其一言一行都会对社会产生重要影响。所以,不论何时何地,都应该做到"慎独",即做到表里如一,唯有不断地修炼,让道(仁心)充盈体内,才能让自我强大起来,而不会感到疲惫,继而在独处中谨慎不苟。

2. 附优秀例文

走过名利圈

上海市崇明中学　赵天燊

陶渊明不为五斗米折腰,故有篱下采菊、登东皋而舒啸的那一份淡然洒脱,不汲汲于尘陌之中；苏轼隐忍徘徊于出世与入世之间，托夜唳之鹤而喻缥缈，于知夫水月卒莫消长之间思绪飞扬。对于名利的苦心钻营抑或是趋之若鹜，这几乎是每个世俗中人所不可避免的。

名利对于人生，就好比鲜花之于锦缎，过犹不及，过多的名利反而会掩盖事物本身具有的质朴意义，适当陪衬，方可凸显画龙点睛之妙。这就涉及"走"与"过"名利圈的问题，"过"似是最终的结果，然而没有"走"，那么"过"的意义何在？所以名利并非铜臭的代名词，通常情况下也不会与普世的道德观与价值观起冲突。

君子爱财，取之有道。自我的欲求是个体对于自身蓬勃发展的希冀，不容抹杀，循循善诱以正当的伦理道德与树立个人的原则底线方可使其有益于社会，而并非一味将其归咎于反传统、逆道德与悖底线。亚当·斯密也认为应激发个人的主观能动性以促进社会经济的发展，大我因千千万万个小我的大奋进而活力不息。同时思想与物质是相辅相成的，枯树开花与空中楼阁只是殷切的幻想而不应出现在实际中，而对功名的追求恰恰对物质的发展有推波助澜之用，利人利己，何不为哉？

以上所言皆是凡理，想必众人不必知晓也会深有体悟。然而我们对于功名的态度不应止于此。人生的意义不仅在于进取性更在于多样性，汲汲于功名以至于利欲熏心不仅为他人所不齿，更是一种对我们人生意义的亵渎。就如同落魄的书生范进，为中举而癫狂，殊不知人生还当有指点江山、激扬文字的豪气，心在天山、身老沧州的沉郁萧索，杨柳岸、晓风残月的一怀愁绪。

而当下一部分国人，不也正沉溺于名利圈中而无法自拔么？价值观的多元化而非单调雷同是这个社会赖以发展的动力之源。正如陈嘉映理想中的中国，并不应该是一条单一的跑道，所有人都只向着一个单一的目标进发。在耽于囊中的财富之时，我们是否能够注意到那雾霾缭绕、已被破坏得面目全非的自然环境？是否会震惊于路人对于摔倒老人的无动于衷，只是麻木地将其当作一则花边新闻？掸去褪去生活表面光鲜亮丽的浮华，一切归于平淡，一如桨声灯影中深沉隽永的秦淮河，我们会了悟，除了金钱之外，原来还有理想、信念，有真理、道德，有人与人之间真诚与至微的情感。

走过名利圈，我们需要一颗平常心，尝得起饕餮，又能够归于粗茶淡饭。

第十讲　以民为本

【语言积累】

1. (1)厌恶　(2)称王　(3)善,好　(4)不过,仅仅　(5)皆,都　(6)打猎

2. (1)结构助词,用于主谓之间,取消句子独立性　(2)如此而已　(3)有什么可用来　(4)介词,凭

【梳理领悟】

1. 孟子强调的是"仁政"思想。孟子这种仁政思想就现在而言还有很大的教育意义,如果统治者不行仁政,处处与民作对,只求自身利益,不顾百姓生活安危,终究会"终身忧辱,以陷于死亡"。

2. 在孟子看来,君王爱好音乐没什么不好,只要他可以把爱好音乐的快乐与百姓分享,与民同乐,就可以治理好国家,齐国就有希望了。

【评析鉴赏】

1. 孟子首先以桀纣失天下的原因做根据,论述"得天下有道""得其民有道""得其心有道";接着从当前形势分析百姓愿意归附仁君,仁君的力量会不断强大;最后告诫欲推仁政王天下者宜早做准备,否则会"终身忧辱,以陷于死亡"。

2. 孟子向齐宣王描述了两幅图景,一幅为"妻离子散图",这是现实的反映,百姓妻离子散,流离失所;一幅是"黎庶安乐图",这是孟子对齐王的期许,是对齐王的诱导和鼓励。孟子通过这两幅图的对比,告诫齐王,"与民同乐"就能争取民心,统一天下。

【探究表达】

1. 思考提示:《离娄下》中孟子认为人和禽兽的区别是很少的,他们的不同根据孟子前面的阐述就是"仁义礼智信",显然,孟子认为只有他认为的君子才有"仁义礼智信",而普通百姓是没有的,体现了其对百姓的轻视,这显然与其重民思想有一定的矛盾。

2. 附经典阐述

作之不止,乃成君子

齐夫

作秀,是近年来媒体使用较为频繁的一个词,含有夸大其词和做表面文章的贬义。譬如某县县长酷暑期间帮助环卫工人扫大街；某市交警在烈日下列队半小时，恭候政委来给他们擦汗；某市公安局领导走上街头，替换一线民警值一天勤；某省长为响应低碳生活号召，带头骑车上班……

其实，如果能辩证地看待，作秀还是有其积极意义的。这一点，古人比我们还明白。《资治通鉴》卷六记，魏国国君安釐王向孔斌询问谁是天下高士。孔斌说："世上没有这种人。如果说可以有次一等的，那么这个人就是鲁仲连了！"安釐王说："鲁仲连强作之者，非体自然也。"孔斌说："人皆作之。作之不止，乃成君子；作之不变，习与体成，则自然也。"意思是说，人都有作秀的心理，都会强求自己去做一些事情的。如果这样不停地做下去，便会成为君子；始终不变地这样做，习惯与本性渐渐结合，也就成为自然的了。

作秀，如果只是一次、两次，那确实表演成分居多，意义也十分有限；但如果"作之不止"，一直坚持下去，长年累月地去作秀，最终"习与体成"，形成习惯变为本性，那就非常可贵了，谁还能说你是作秀呢。比如，省长骑车上班，一次、两次可能会被说成是作秀，可是如果他长年累月都坚持骑车上班，那我们除了佩服就剩下敬仰了，而且还可能会带动一批干部骑车上班，善莫大焉！而公安局领导为民警替班，倘若只有偶尔一次，那就叫作秀，如果形成制度，每月或每季度替班一天，既了解了一线的真实情况，也温暖了基层民警的心，这样的事恐怕也不能再叫作秀，而是多多益善啊！

退一步说，即便他就是赤裸裸的作秀，是目的不纯，为了出名或哗众取宠，但只要是在做好事，有益社会，造福民众，我们就应该给予鼓励，为其叫好，以增强他的荣誉感和成就感，促使其坚持下去。这样，也许一开始他确实是为了表现而刻意作秀，但多做几次，习以为常，也会"作之不止，乃成君子"，这样的君子多了，我们的社会不是也会越来越美好？

作秀，或曰有表演嫌疑的做好事，难在"作之不止"，说其难，既有内因也有外因。毅力不够，恒心不足，动力缺乏，信仰不坚，乃为内因；缺乏宽容、理性、积极向上的社会环境，则为外因。很简单的道理，如果有人做好事，不管出于真心实意还是为了表现自己，我们就不分青红皂白当头一棍，说人家是作秀，形成这样的舆论氛围，恐怕将来愿意做好事的君子会越来越少。

"作之不止，乃成君子"，请记住古人的这句至理名言，为那些善意的作秀者

提供一个宽松的环境吧!

(选自 2010 年 8 月 30 日《解放日报》,有删改)

第十一讲　王道仁政

【语言积累】

1. (1)称王　(2)替换　(3)接近,走向　(4)报告　(5)思量,揣度
(6)结仇

2. (1)既然这样,那么　(2)结构助词,宾语前置的标志　(3)结构助词,用于主谓之间,取消句子独立性

【梳理领悟】

1. 孟子认为国君要爱护百姓关心人民疾苦,才可以"王天下"。因为国君以德服人,才会得到百姓的拥戴。

2. 齐宣王的"不忍之心"亦即"仁心"及于禽兽,却没有推恩于百姓,说明其实他有能力去做,只不过他不去做罢了。因此对他来说,是"不为",而非"不能"。

【评析鉴赏】

1. 孟子用"以羊易牛"这种齐宣王亲身经历的事情劝说齐宣王,充满着生活气息,不仅有故事性,使文章形象生动,而且极具说服力。还有,"力足以举百钧,而不足以举一羽""明足以察秋毫之末,而不见舆薪""挟太山以超北海""为长者折枝"等等,非常生动而又言简意赅地说明了道理。

2. 孟子巧妙地避开齐宣王对齐桓公、晋文公霸业的询问,改变话题,向宣王宣传"保民而王"的主张。首先,孟子举出齐宣王"以羊易牛"衅钟之事,说明宣王有不忍之心,具备"王天下"的条件;其次,孟子替齐宣王开解,认为他并非吝啬,只是"见牛未见羊"而已;接下去,孟子举出"力足以举百钧而不足以举一羽"和"明足以察秋毫之末而不见舆薪"两个事例,说明宣王之所以不行王道,是"不为",并非"不能",又以"挟太山以超北海"和"为长者折枝"作譬喻,说明"不为"和"不能"的区别;最后强调如能做到"老吾老以及人之老,幼吾幼以及人之幼",天下可运于掌,且指出推恩和不推恩的两种效果,请宣王考虑。

【探究表达】

1.《齐桓晋文之事》中的名句有:

（1）吾力足以举百钧，而不足以举一羽；明足以察秋毫之末，而不见舆薪。

（2）老吾老，以及人之老；幼吾幼，以及人之幼。

（3）权，然后知轻重；度，然后知长短。

（4）无恒产而有恒心者，惟士为能。

（5）是故明君制民之产，必使仰足以事父母，俯足以畜妻子，乐岁终生饱，凶年免于死亡。

（6）谨庠序之教，申之以孝悌之义，颁白者不负戴于道路矣。

2. 附优秀例文

<h3 style="text-align:center">己不器，方不器</h3>

上海市闵行中学　马平川

子曰："君子不器。"器即工具，可这"器"的对象究竟是谁？李泽厚认为是自己，安德烈·莱维则认为是别人。以我之拙见，一个人不使自己成为工具，别人就不会把你当作工具，而自己也一定不会"器人"。

人绝对不是工具。工具冰冷、机械、没有情感，而人自诞生伊始便有一颗炙热的跳动的心，自那一声啼哭开始便有了情感。试想，人若为器，何来《楚辞》之悠扬，何来罗密欧与朱丽叶惊天地泣鬼神的爱情故事，何来陶潜"采菊东篱下，悠然见南山"的洒脱？

由此看来，人绝非器，因此人也绝不能把自己当作工具与器械，甚至使自己变成器具。

莫言曾在获得诺贝尔文学奖时说："文学无用，但或许文学最大的用处就是其没有用处。"是啊，现在的工业社会，机器大行其道，人的价值观也发生了改变，以为要能带来实际可视利益的东西才有用，可什么叫"有用"？在这种环境里，人容易让自己迷失，为了眼前的利益将自己打造成"利器"，可当器成之时，亦是人性消磨之日。古希腊的斯巴达人善战，可他们为了培养骁勇的战士无所不用其极——抛弃先天缺陷的婴儿、血腥地格斗。在锋利的、锐不可当的战斗机器锻造好的时候，一群年轻人的情感也变得冷酷，甚至残忍了。

相反，当一个人不把自己打造成工具时，别人自然也不会把你当器具来看待。

竹林七贤名传后世即因"君子不器"，嵇康不仕，于竹林中打铁；刘伶不俗，甘醉于酒窖之中。他们崇拜人之天性，绝不甘于沦为统治者的工具，因此时人与后

人以神仙视之。而李斯通达于法，却为了功名利禄狠心陷害同门师兄韩非。他成了器，秦始皇统一天下，以严刑峻法残暴统治百姓的器，最终却落得个腰斩的下场。为何？因为在赵高和胡亥眼里，他李斯，器而已。

己不器，人方不器；己不器，方不器人。人不使自己成为工具方为君子，而君子才不器人。当一个人真正地坚守人性与情感到最后，他就会以平等的眼光去看众生。卢梭坚信人生而平等，坚信人权至上，坚守着信仰与人性，他便以平等的眼光看众人。

对于我们，"不器"也格外重要。在这个飞速发展的工业时代，我们要坚守那一条人格的底线，不因理科"有用"而废文，不因思考"无用"而废思。做到"不器"，方成真人。

人不器，方成君子；成君子，始不器人。

第十二讲　知人者智

【语言积累】

1. (1)没有什么　(2)明亮　(3)全　(4)偏爱　(5)同"纵"，放纵　(6)伤害
2. (1)形容词词尾，……的样子　(2)代词，哪里　(3)句末语气词，无实义
(4)连词，然后，表进一步的行为

【梳理领悟】

1. 集中论述了眼睛是心灵的窗户。孟子主张观察一个人最好的方法是观察他的眼睛，他认为言语虽然也是从心中发表出来的，但仍能作伪作假，而眼睛却是作不了假的。

2. 孟子告诫人们，要全面分析看待一个人，不仅要观察人的行为，而且要分析人的心理。匡章虽然没有那五种不孝的行为，但在对待父子"责善"的问题上，他没有选择最佳行为方式，以至于落了个不孝的名声。所以，我们在具体行为上，不能只顾一面而忽略了另一面。尤其是在选择最佳行为方式时，如果像匡章一样，只顾一面而忽略了另一面，那就不叫最佳行为方式。

【评析鉴赏】

1. 二者都谈到人性是难以隐藏的；只是孔子重在考察其行，孟子重在揣度其心。孔子认为考察一个人，要看他的所作所为及其处事的出发点；而孟子认为，观

察眼睛就可看出一个人正直与否,可见真正达到儒家道德境界的君子,其内在人格是会自然流露出来为人所知晓的,而品行不正的人同样掩藏不了他的本质。

2. 孟子先从世俗人情的观点出发,分析不孝的五种情况;然后指出匡章不占其一,不能说他不孝;接着指出匡章父子因"责善"而不相投合导致匡章也很内疚,并以"出妻屏子"作为对自己的惩罚,其心之"善",昭然可表。孟子评价匡章是通过具体的事实去分析而得出结论的。

【探究表达】

1. 思考提示:俗话说言为心声,是说语言可以表达人的心灵和思想,语言是心灵和思想通往外部世界的桥梁。当然,如果不知"言",对于"言"理解得不是很正确,就会走到别的地方去,无法真正到达人的心灵和思想。言为心声,但言有时也是令人迷惑和不知所措的。"知言"之所以难,是因为言不是静止的,它有多种表达方式,不同的人,在不同的地点和时间,会有不同的表达。如何在千变万化的语言表达中把握住它的实质、它的真正内涵,确实是需要很深的功力的。

2. 附优秀例文

自由的边界

上海市崇明中学　徐峥莹

生活更容易进入大众的视野,意味着更容易"红"也更容易被"黑"。投机者往往以此为契机,而实质上这却是一场危机与考验。"红"与"黑"无非就是评价褒贬不一的体现,"红"时的痴狂达旦,"黑"时的尖酸刻薄,现代社会下纵情傲物的恣意与自由令人艳羡更令人担忧。

从不评价到评价的转变,是批判精神与思考力的逐渐觉醒。人类骄傲地迈出了生性自由的第一步,史诗性的一刻光辉而曼妙动人。而随着评价的发展与进阶,尽管评价对于个人与社会的影响越来越大,评价本身却走向了畸变。"谁人背后无人说"与"谁人背后不说人"的堂而皇之、猥琐与不堪,更是自由的异形。太自由了!批判精神和思考力与生性自由的本末倒置非但没有带来真正意义上的进步,反而将发展带向伪发展,自由变为伪自由。披着"伪"的外衣,挟持着平等、开放甚至民主,展开一场以自我为中心的专制与暴政。人文关怀的缺乏、自我的高度膨胀都是其背后不可忽略的罪魁祸首之一。

与其说评价他人的生活是一种现象,不如说它是一个警钟,示意我们,自由的边界到底在哪里。评价本身基于自由,人的自由创造评价,社会的自由容纳评价。而任何事物的发展都并非是一帆风顺,自由亦如此。所以无论是出于何种目的,总有人希望打碎它,打碎瓶颈,或创造或获取一种所谓更自由的境界,达到第二自由世界。他们致力于突破自由的边界,然而却站在了自我的制高点,他竟然想当上帝。在昨日,这当然是痴人说梦;在今日,互联网的高速发展,却为他们提供了"天堂"的场所,躲避在网络背后,自我认识的不清让他们渴望自己变得更"自由",企图突破自由的边界从而变得"随心所欲",这也导致了他们对于异己产生盲目自大的掌控欲望。以自我的价值观站在上帝视角上审视这个世界与他人,极度膨胀,自以为自己是思考力以及思辨精神的化身,专制残暴,对于异己的价值观嘲讽谩骂无所不用其极,毫无人文关怀。人的过分自由导致了社会的不自由,这种局面令人唏嘘尴尬。而所谓舆论风暴与狂潮无非是一群被明明不自由绑架着的却又自以为是者的狂欢。

故自由当有边界以及底线,评论以及自我不可以无所拘束。从自由走向更自由,从伪自由走向真自由,需要的是扩大瓶子而不是粗暴地打碎瓶子。而所谓瓶颈也从来不是真正的瓶颈,瓶颈外面并没有第二自由世界,它是被自我蒙蔽的死角,是真正的思考力与思辨精神的沦丧。出路唯有走出来!边界是自由成立的根本,无边界不自由,打碎边界,无异于毁了自由。

理智,理智一些。冷静是思考与批判的前提,自由亦是理性后方可安然存在的感性。而评价本就应是主观与客观、感性与理性互通的产物,它并不是不好,只是,你看见那自由的边界了吗?

第十三讲　纳贤采言

【语言积累】

1. (1)进用,任用　(2)亲近的　(3)有贤能,有才能　(4)足智多谋
(5)以……为轻,觉得轻易　(6)同"拒",拒绝

2. (1)介词,凭　(2)结构助词,宾语前置的标志　(3)连词,表修饰　(4)代词,什么

【梳理领悟】

1. 齐宣王认为,齐国没有"亲臣"是因为他昔日没能分辨出"不才"之人,所

以向孟子询问"识其不才"的方法。

2. "好善",指喜欢听取善言,即广泛听取和采纳别人的意见,集思广益。"好善",就会吸引天下的有识之士来治理国家;反之,就会拒有识之士于千里之外,而奸邪谄媚之徒就会乘虚而入,想治理好国家也就不可能了。

【评析鉴赏】

1. 孟子提出选拔贤才,不能以近臣、大夫之意为准,而应倾听国人的意见。这种对国人愿望和利益的重视,反映了孟子的民本思想略有群众路线的色彩,对于我们今天的干部工作有重要的启示意义。

2. 前四组对话表达了公孙丑的贤才观,他认为治国者应该执政能力强("强"),要足智多谋("知虑"),要有学识("闻识"),从而引出孟子首推"好善"的人才观和用人观,强调采纳善言对于治国的重要性。

【探究表达】

1. 思考提示:在治理国家的问题上,"善言"不是一般意义上的"好话",尤其不是那些拍马溜须的话、阿谀奉承的话,不是大话、空话、套话,而是指对于治理国家有益的建设性意见或建议。作为国君或执政者,首先要做一个真"好善"之人。真好善的人雍容大度,对于不那么中听的话也照样能够听取,采纳其合理的对于治国平天下有益的良方。其次还要广开言路,开创百姓和大臣敢言、善言的氛围,如此才能形成上通下达、和谐相融的局面。

2. 附优秀例文

"他荐"与"自荐"

上海市崇明中学　施乐怡

毫无疑问,在当今社会"他荐"是走向成功中相当"有效"的一环。"他荐"意味着自身价值被肯定,"荐"之人可能只有一个,但站在"荐"之人同一维度的人却很多。这使被"荐"之人更易被接受。"他荐"好比一辆"快车",离成功的路不会短,耗费时间却更少。

但,快虽快矣,完全倚仗他荐的"快车"是有风险的。世间大路千万条,等待上车之人千万种,谁知"快车"会否经过你走的路,又会否停在你面前。也许,"他荐"会发生,但这具有太大的偶然性。人生本就短暂,耗之时日以待"他荐",未免太不明智。

　　因而,用"自荐"来弥补"完全他荐"的弊端显得尤为重要。"自荐"使"偶然性"的概率被放大,且对"真英雄"而说,"偶然性"近乎可以转化为"必然性"。

　　现实是,当今社会,"自荐"有很好的资源土壤。如果说"他荐"的前提是等级上下之分(高等级对低等级的赏识),那么,自荐的存在就是"打破"高下固有概念,寻求并争取一个适合自我的位置。当代社会,相较封建社会,"高低"之分的界限被淡化,使"自荐"的价值被放大。某种角度来说,高考又何尝不是一种"自荐",用"成绩"说话,表明实力,这是"毛遂自荐"的现代版,无关他人,是"自荐"的天堂。

　　"自荐"实则是一种行为,一种显现内在价值,并试图施展内在价值的行为。如果说"他荐"需要的是"伯乐",那么"自荐"需要的则是对自我内在价值的清晰认识,只有认识自我,才能使"自荐"有效,而不是一种滑稽的"自夸"。这样的"自荐"是有目标性的,相对于"他荐"可能被他人引导而导致的非主观渴求的成功,"自荐"在自我价值上的实现或许更具主观能动性。

　　"自荐"对"他荐"劣势的补足显而易见。因而,"自荐"应与"他荐"相结合。"自荐"于"他荐"之前,确定一种人生走向,走自己想走的成功,追求自我潜在的价值。使自身成为一条路上绝对的"巨人",又何愁"他荐"的快车不为你停留。"自荐"后"他荐",是一种明智且高效的方式,符合当代社会"允许自荐,又依赖他荐"的现状。

　　"自荐"增加的是成功的偶然性,"他荐"增加的是成功的时效性。但,他们并存于同一目标——自我价值的实现,亦可简言之"成功"。

　　但,无论"他荐""自荐",前提是"才能"。不是"真英雄",怎可能上得了高山下得了大海,一步步靠近成功?

　　先成英雄,后待"荐"机,终求成功!

第十四讲　　经济思想

【语言积累】

　　1.(1)谷物收成不好,荒年　(2)没有像　(3)尽　(4)陷害　(5)丰收之年(6)使……焕然一新,更新

　　2.(1)连词,表修饰　(2)介词,凭着　(3)连词,表转折　(4)连词,表目的

【梳理领悟】

1. 第五段：①不违农时　②数罟不入洿池　③斧斤以时入山林。第六段：①五亩之宅,树之以桑　②鸡豚狗彘之畜,无失其时　③百亩之田,勿夺其时。

2. 一是要使人民有恒产,这样人民才有恒心,社会才能安定;二是改革税制,认为"助法"为好,能使人民生活得到保障;三是加强学校教育,使上位者和百姓都懂得人伦道德,使国家面貌焕然一新。

【评析鉴赏】

1. 这一段,孟子首先从"不违农时""数罟不入洿池""斧斤以时入山林"推出"谷不可胜食""鱼鳖不可胜食""材木不可胜用"的结论;接着又用"谷不可胜食""鱼鳖不可胜食""材木不可胜用"这个结论作前提,推出"是使民养生丧死无憾"这个新的结论;最后又用"是使民养生丧死无憾"这个新的结论作前提,推出更新的结论"王道之始"。这种"连锁推理"的形式强调了实行王道要从不违农时、发展生产、解决百姓最基本的吃穿问题入手,一环接一环,环环相扣,无懈可击,增强了说服力量,显示了孟子雄辩的艺术。

2. 引用"昼尔于茅"等诗句,是为了论述"民事不可缓";引用"雨我公田"等诗句,是为了论述实行助法的重要性;引用"周虽旧邦"等诗句,是为了强调改革对于"新国"的重要性。引用《诗经》中的名句,增强了说服力。

【探究表达】

1. 思考提示:呵护环境,取用有度;持续发展,希望无限。

2. 附优秀例文

放宽网眼,让学术长大

上海一考生

孟老先生有云:"数罟不入洿池,鱼鳖不可胜食也。"然而在我们这个日益呼吁诺贝尔奖、召唤大师的年代,无数专家迫不及待地跳入渔网,以求短期内化身为大师。这不禁使人在惊呼"收获"更多的同时惊疑将来会有什么。

对硕士、博士、导师、学者的种种论文指标,舆论对大师、对诺贝尔奖的偏执的渴盼化为一张张细密的渔网,捞起了本应该继续成长的小鱼,留下一潭池水。

"古人学问无遗力,少壮功夫老始成。"可见做学问,做出真正具有价值的学问是需要很长时间的。司马公三十年著《史记》,曹雪芹十年作《红楼》,这其中凝

聚着他们的血与泪,超绝的学者必使用超长的时间来成长。由此看来,我们今天那细网中无数未成大鱼的"专家""大师"们背后浮现的是一个个看似华丽的泡沫。何不将网眼放宽,让鱼儿们有更多时间来经历人生,充分成长?

除了时间,细网带去的还有学者们本应坚守的宁静。学者,本应是耐得寂寞的。钱钟书先生笔耕一生,留下无数让人惊叹的华章:《围城》《谈艺录》《管锥编》……先生以他的博学一次次震惊世界,然而人们在惊于其文时却总是忽略先生两耳不闻窗外尘嚣事的用心苦读,忘却先生在图书馆的一杯淡茶、一本书的宁静身影。"梦醒推窗望残月,那憾只影映孤墙。"也许,只有宁静淡泊的心才能在文化的殿堂中行得更远。书中曾说到剑桥为霍金留下了一个宁静的空间,可我们为什么就一定要急于将学者们套入网中,曝于公众之下? 给他们留下一片宁静吧!

使鱼儿们甘于入网的另一个原因是名利。不可否认,求得一桩大富贵自古就是文人们读书的重要原因,但那些真正名垂青史的却大多没有入名利场。孔子曰:"好之者不如乐之者。"可见他不甚赞赏为名利而做学问的行为。看淡了眼前的富贵,忘却了功名利禄,留得那颗菩提心,学问之门方可开。塞林格先生以《麦田里的守望者》轰动世界后却躲入乡下小镇,从此远离喧嚣。他在逃避什么? 他在守望什么?

那是一颗融于学术、融于艺术的心,那是一把打开精神之门的钥匙。"忍把浮名,换了浅斟低唱。"柳永如是说。让我们给学者们留下一片不受世俗名利亵渎的净土吧! 莫急于让他们被浮名的心网套牢,莫让伊甸园化作失乐园。他们需要的是心灵的纯净与人格的独立,不是名为专家、大师的锁链,不要束缚了学者们心灵的翅膀。

不妨让我们把种种网眼留得更宽一些,让急躁的心平淡一些,三十年后再来收获这一批长成的大师。

(选自《2010年上海市高考作文评析》)

第十五讲　论兵外交

【语言积累】

1. (1)包围　(2)使……臣服,威服　(3)到达极点　(4)缺点,毛病　(5)抵挡,较量　(6)阻止,制止

2. (1)连词,表转折 (2)助词,的 (3)副词,哪里,怎么 (4)代词,相当于"其"

【梳理领悟】

1. 本文中心论点是"天时不如地利,地利不如人和"。它是孟子"仁政"思想的具体表现。孟子认为天时、地利、人和三个因素中最重要的是人和,也就是要赢得民心,赢得民心的前提是"得道",而这个"道"就是他一贯主张的"仁政"。

2. 大国要仁,以大事小;小国要智,以小事大。

【评析鉴赏】

1. 作者首先提出中心论点"天时不如地利,地利不如人和",观点鲜明;然后分别论证"天时不如地利"和"地利不如人和";接下去用"故曰"二字,将上文提出的观点承接下来展开论说,并得出"得道多助,失道寡助"的论断,这个论断指出了"人和"的实质是"得道";接着又进一步推论,指出"寡助之至"会众叛亲离,而"多助之至"则会天下归顺,一反一正,对比鲜明;最后以"故君子有不战,战必胜矣"作结,将"人和"的重要意义论说得十分透彻,深化了文章的中心。文章脉络清晰,结构严谨,气势通畅。

2. 孟子将"勇"分为"小勇"和"大勇"。抚剑疾视,高声恫吓,敌一人之勇,这是匹夫之勇,是小勇;"王赫斯怒""武王耻之",一怒而安天下,这是君王之勇,是大勇。通过对比,孟子意在劝齐宣王去其小勇,树立大勇,把胆识和勇力放在"一怒而安天下之民"上来。

【探究表达】

1. 思考提示:霸道是指利用强力手段并假借仁义之名来管理社会和处理与他国关系的治国之道,王道是指用仁义的方式让人服从的治国之道。强力服人靠威胁,仁义服人靠教化,因此,霸道是以力服人,不能让人心服;王道是以德服人,能让人心服。王道和霸道,所推行的都是仁政,但一个出于诚,一个出于假。同样是施行仁术,以力假之即是霸,以德行之则为王;同样是服人,以力服之是霸,以德服之即王。

2. 附经典阐述

以"自信"面对中美贸易战

徐贻聪

美国总统特朗普无端挑起的"中美贸易战"枪声业已响起,我们当然没有理

214

由不予以面对。在这场被强加的战事中，虽然最终不会有赢家，但中国有理由，有正义，也有底气，我们应该对此拥有充足的自信。任何缺少自信的言行，既不符合传统和理念，也不符合实际和需要。坚定自信，看到未来，迎接挑战，化解矛盾，是我们面对这场贸易战应有的态度和行动准则。

于现阶段，国民都在强调"道路自信、理论自信、制度自信、文化自信"，这是中国继续坚强、坚定地屹立于世界民族之林的根本前提和保证。在中美贸易战中，我们还有一些可以用来加强"自信"的基本条件。在我看来，这些条件是：

我们有"理由"自信。两国之间的经贸关系是相互的，是一种建立在一定规则基础上的相互交换和相互补充，寻求的是"合作、共赢"。中美之间的经贸关系也是如此。很长时间以来，中美在经贸问题上虽然时有摩擦，但总体平稳，双方都在其中谋得了利益，有利于两国的国计民生。特朗普不顾事实，强力推行单边主义和民族利己主义，打破两国之间正常的贸易关系，一再为来自中国的商品加征关税，还强词夺理地不断加大征税范围，既无正当的理由，也缺少应有的理性，不仅遭到其他国家和国际组织的一致谴责，在美国国内也被各界强烈否定。我们应该对抵抗这场战争并取得正义的结局拥有坚定的自信，相信中国拥有绝对正确的迎战理由。

我们有"正义"自信。无论是在历史上，还是在当今世界，甚至在人类未来的发展进程中，相互关系中总会有正义和非正义之分。"失道寡助"，最终必败，已为诸多历史事实所证明。特朗普挑起贸易战毫无正义可言，因而招致美国内外的一致反对声。中国是被迫迎战，也必须抗战到底。也就是说，在这场战争中，正义完全在中国一边。依靠正义，为了主权、尊严和民族利益，在别无他途的战事中，我们一定能够笑到最后。

我们有"底气"自信。中国威风凛凛地走在"站起来—富起来—强起来"的道路上，国家的发展水平、国际威望和民生家底都得到广泛承认和尊重。中国"不挑事，但也不怕事"的凛然态度，更为世界深刻认知和赞同。"得道多助"，我们拥有自身的强大底气力量，加上多方的拥戴和支持，我们的"自信"应该更有基础，也更为完美，当然远不是盲目，更非虚无缥缈。

无疑，我们以"自信"面对挑战，胜利必然在望。其间，相信那些自信心不足的同胞，会在实际中认识到自信心的坚实基础，不断强化起自信。

（选自 2018 年 8 月 31 日《大公报》）

第十六讲　评鉴圣贤

【语言积累】

1.(1)归附,依附 (2)拿,把 (3)娶 (4)把俸禄给 (5)使……觉悟,启发 (6)承担

2.(1)既然这样,那么 (2)结构助词,用于主谓之间,取消句子独立性 (3)兼词,之乎 (4)助词,的

【梳理领悟】

1. 文章论述的是"孝"的问题。舜拥有天下人羡慕的一切,包括财富、地位、女色、民心等等,但内心还是忧愁,因为他惦记的是父母不喜爱自己,由此可见舜的大孝。孟子认为,顺应父母心意,终身眷念父母,才是最大的孝。

2. 伊尹先前躬耕于田野,乐尧舜之道,独善其身,后来改变主意,肩负起"先知觉后知""先觉觉后觉"的重任,辅佐商汤王而兼济天下。孟子认为,伊尹不是以切割、烹饪之道来进身的,而是以尧舜之道来得到商汤王欢心的,高度赞扬了伊尹肩负社会责任的精神。

【评析鉴赏】

1. 大舜由于没有得到父母的喜爱,所以即使获得了妻子和民心,甚至自己已做了君王,达到了权力和财富的顶峰以后,也仍然郁郁寡欢,思慕父母之爱。舜对父母的"孝"在当时有积极意义,但略有"愚孝"之嫌。真正的"大孝",应该既"终身慕父母",又爱少艾和妻子,这才是健康正常的心态。

2. 运用大量的反问句,表现出伊尹与其隐居山林不如使我君成为尧舜之君、使我民成为尧舜之民并亲眼看到尧舜盛世的想法;又以整句,写出伊尹"以斯道觉斯民"的责任担当。伊尹的话强烈地表达出自己肩负国家人民之重、以兼济天下为大为重的责任感和使命感。

【探究表达】

1. 思考提示:伊尹心中时刻考虑的是整个国家普天之下所有人民,他认为只要有一男或一女没有享受到尧舜之道的恩泽,就如同自己把他们推入沟壑中一样。伊尹又是中国第一个帝王之师,伊尹教汤效法尧舜以德治天下,授汤救民而伐夏的方略。伊尹还冒着篡逆之嫌,以铁腕手段,以臣放君,让太甲于汤王墓

地居忧思过,太甲悔过,伊尹还政于太甲,赢取了"帝太甲修德,诸侯咸归殷,百姓以宁"的和谐盛世局面。

2. 附优秀例文

<h2 style="text-align:center">绝不妥协的鲁迅</h2>

福建一考生

在我的印象之中,鲁迅的头发、胡须十分粗硬,一根根地张着,仿佛将全身的硬刺都张开的刺猬一样,向这个社会表示着他的绝不妥协。

对于鲁迅,我从未把他当成文人的鲁迅,尽管鲁迅先生在小说、散文、杂文的创作上,在中国小说史的研究上,在许许多多的方面,都有当下文人都难以企及的造诣和成绩,但我更愿意把鲁迅当成一个战斗的鲁迅,一个斗士的鲁迅。

鲁迅的一生,是绝不妥协的一生。

鲁迅,对当局绝不妥协。无论面对北洋政府,还是国民政府,眼里容不得沙子的鲁迅,往往义愤填膺,奋笔疾书,表达自己的激愤,表达自己的不平。

与当局绝不妥协的鲁迅,不得已离开北京,赴青岛、厦门,南下广州,最后栖身于上海的外国租界,但无论如何,绝不妥协的性格丝毫没有改变。从《且介亭杂文》,从《准风月谈》等等,即可见出鲁迅的文风、鲁迅的性格。

鲁迅,对文人绝不妥协。梁实秋、林语堂、陈西滢、胡适、苏雪林等等,包括左翼联盟的文学家,甚至文学青年徐懋庸,鲁迅与他们都有过交手,有过论争,而且激烈之程度,出乎我辈的意料。鲁迅与无耻的文人,与吮血卖友的叛徒等等,展开了激烈的论战,一个都不放过,一个都不宽恕。

《"丧家的""资本家的乏走狗"》,直骂得梁实秋鸣金收兵,高举免战牌,永不言再战。正因如此,有人说,鲁迅气量大小,是睚眦必报,锱铢必较。而我以为鲁迅是绝不妥协,绝不宽恕,一个认真、坚定的斗士。

鲁迅,对自己的兄弟一样的不妥协。鲁迅的弟弟周作人本与鲁迅关系非常亲密,兄弟手足一同留学日本,回国后又一同住在北京八道湾的一座四合院内。但是周作人受日本内人的挑唆,兄弟交恶,最后直到绝交。鲁迅与周作人,也许是矛盾真的无法调和,无法承受其辱,但是,鲁迅的绝不妥协,绝不宽恕,我想一定是一原因。

与周作人断绝关系,鲁迅自己与家人搬出了八道湾自己购置的房产,另辟居所,到了也未再与周作人联系。倒是鲁迅仙逝,周作人沦为汉奸,后从南京老虎桥监狱出来之后,以写鲁迅的旧事及分析其小说中的人物形象为业,凄惶度日。

正因鲁迅是一个绝不妥协,绝不宽恕的斗士,所以他对民族的希望、民族的前途还是看得非常清楚,非常真切的。所以,处在上海白色恐怖中的鲁迅,与延安的毛泽东、周恩来保持着联系,听过陈赓将军红军长征的叙述,他甚至还计划要写一部反映红军长征的小说,可惜鲁迅没有来得及完成便仙逝了。

多年以后,大约是"文化大革命"甚或更早一些的反右派斗争时,有人问毛泽东,如果鲁迅在世,会怎样。毛泽东答:要么缄口,要么在监狱待着。所以,鲁迅早年仙逝,之于他个人,福邪,祸邪,谁也难说清楚。而中国没有了鲁迅,又不知是民族的喜邪,悲邪。

不过一点,我是认定的,鲁迅,是绝不妥协的鲁迅,绝不宽恕的鲁迅。

（选自 2005 年第 3 期《学语文》）

第十七讲　治学有术

【语言积累】

1. (1)满　(2)如果　(3)以……为耻　(4)使……寒,使……受冻　(5)技艺,技巧　(6)拉

2. (1)结构助词,宾语提前的标志　(2)连词,表修饰　(3)连词,表承接　(4)连词,因为

【梳理领悟】

1. 孟子认为流水遇到洼地,必先填满,再继续向前流,为学正应如水的这种特性,必须由浅入深,按部就班,循序渐进,绝不能躐等而进,企图一步登天。同时,为学要求深务实,打好根基,只有如此,才能如有源之水,汪洋恣肆,奔流不息,最后达到名实相符,实至名归。

2. 孟子主张为学要持之以恒、专心致志,才能学有所成;一暴十寒,"一心以为有鸿鹄将至",将一事无成。

【评析鉴赏】

1. 文中运用了比喻说理的方法。以"源泉混混"喻"有本者",以"七八月之间雨集,沟浍皆盈"喻"声闻过情",以"其涸也,可立而待也"喻徒有虚名的结果,

生动形象,说服力强。

2. 弈秋同时教两个学习态度不同的人下棋,学习效果截然不同,指出这两个人学习结果不同,并不是在智力上有多大差异。孟子意在强调做事必须专心致志,绝不可以三心二意。"弈秋诲棋"的故事使深刻的道理更加生动形象,易于让读者接受。

【探究表达】

1. 思考提示:在怎样读《诗经》的问题上,孟子认为不可以字句而误解诗歌本意,要用自己的思考去推敲作者的意愿;在怎样读《尚书》的问题上,他认为不可完全地相信书。孟子的这两句话意在告诉我们,读书贵在独立思考,贵在有疑,如不假思索,人云亦云,不过是书的传声筒而已,这样的读书是毫无用处和收获的。书要读得活,不应读得死,把书读活方能得书中之真谛,把书读死只能损害自己的读书口味。

2. 附优秀例文

学而立足

上海市普陀区一考生

人们常说:学习为了提升自我。也有人对此提出质疑:博学未必有见识,学习那么多也许并没有意义。

这两种观点看似针锋相对,实则并非对立。"学习能提升自我"此言固然不谬。荀子曾说:"君子博学而日参省乎己,则知明而行无过矣。"直接指出了博学是使人充满智慧、做事避免过错的条件之一。然而仅仅"博学"真的能使人成为"君子"吗? 恐怕不然。

其实从荀子的观点中也可看出端倪,除了博学之外,每天参照"圣人"的标准来反省、审视自己,才能真正提升自我。事实上,这正是强调将书本上"教条"式的知识有机融入一个人的行为中并逐渐成为习惯,是"知行合一"的最佳诠释:不将自己置身于知识之外,而是将所学所思潜移默化地从外界渗透进自己的灵魂,从而使自己变得高尚。

有人担心博学者未必有见识,其实这种"忧虑"很大程度来源于现代社会中学习模式与社会进程、人类文明的脱节与剥离。"两耳不闻窗外事,一心只读圣贤书"便是这种"剥离"的明证。若只注重诸如应试、求职等功利性的学习而不能放眼于世界,将世间寒暄冷暖与所学所知相互印证从而建立起自己独一无二的思维方式,这样的人即便再"博学"也最多只是一个如机器般的存储设备,没有立足于社会实际以及人类文明现状的"泛泛学习"显然是没有根本意义的。

那么,如何使"博学"者真正地"有见识",使多读书与"高尚"画等号呢? 关键在于对学习树立正确的态度。有人曾说"我把读书当成一次旅行,这样回来的时候便不会依然固我"。旅行,是人在客体世界中的一次"实践",是将个体完全置身于外部世界的一个契机。将读书视为旅行,能使人更真切地感受客体世界中的"山川人文",使人亲眼见证那些曾经只在文字或图片中被描述的"胜景",能使每个个体与所处的团体、社会乃至世界连缀成一个整体,真正地提升自我,立足于纷繁的现实世界中。

虽然,"学那么多有何意义"的质疑常常不绝于耳,一方面是担心低质量的学习模式难以真正改变人的灵魂,另一方面则是对于学习重要性的忽视。但我仍想强调,尤其在高科技泛滥的现代社会中,学习有着不可取代的意义和价值。虽然现代化设备很大程度方便了人们的学习方式,甚至逐渐取代了原本的记忆、思考这些人类独一无二的职能。但正因为如此我们更要主动学习——莫让书本或机器设备中的"死知识"限制我们激活它们并将它们服务于现实生活的步伐。

我想,唯有知行合一,将知识与实践相融,并在科技的"大潮"中主动"掌舵",积极进取,方能使学习真正让人立足!

第十八讲　教亦多术

【语言积累】

1.(1)达到　(2)标准　(3)拉开　(4)超过,胜过　(5)少　(6)正,正派

2.(1)副词,表判断,是　(2)介词,因为　(3)副词,怎么　(4)虽然如此

【梳理领悟】

1. 要善于引导学生,启发他们理解,给他们留有理解消化的余地;教师要善于激发学生的学习主动性,激发他们跃跃欲试的愿望。

2. 尹公之他善于选择和教育学生,所以子濯孺子知道庾公之斯不会杀他,羿却不善于选择和教育学生,对于逢蒙的人品失察失教,结果招致杀身之祸。所以,交往朋友需要考察、认识人。另一方面,教学生一定要从德与才两个方面着

眼进行教育与培养,使之全面发展,成为德才兼备的人。只有做到了这两个方面,才不会酿成祸端,使自己反遭其殃,后悔莫及。

【评析鉴赏】

1. 从文本整体来理解,解为"站在道路的中间"太实,似不妥。理解为"站立在道(中庸之道)的中间"和"按照道的要求去施教"可以讲通。

2.《道则高矣,美矣》以善射的羿不会因为笨拙的徒弟而改变拉弓的标准为例,说明老师不能因为学生水平不够而降低标准。《逢蒙学射于羿》将羿以勇力著称却命丧学生之手和子濯孺子病不援弓却存活于隔辈之徒手下形成对比,表明羿之所以死是因为择徒选友不当。两文均以羿为例,用例典型恰当,说服力强。

【探究表达】

1. 思考提示:孟子认为君子不应该教导自己的孩子,其一是情势上行不通,自教其子,为父又为师,父望子成德达材,则必教之以正,而子恃父宠爱万般,稚而顽皮,如果父教责从严,甚至发怒,会伤害父子之恩而导致离心离德,家遭不祥;其二是古有易子而教的先例,孟子认为当效法前人。孟子的分析有一定道理,不过今天和孟子所处的时代环境已大不相同,若教法得当,巧妙地处理与孩子的关系,为父自教其子也不一定是坏事,不一定会导致离心离德。

2. 附优秀例文

强者主导与合理导航

上海市崇明中学   施宇姝

这是一个强者主导的社会,故滋生了"不让孩子输在起跑线上"的竞争观念。在这样的观念下,渐渐,家庭教育也成了强者主导的一个体现。

在大多数的家庭教育中,父母与孩子的关系是存在着灌输、哄骗甚至强行改变的问题的。这是父母依仗着年龄、体格、智商的优势完成的强者主导。

从一个方面讲,这是无可诟病的。退一步讲,即使父母询问孩子的意见,也是一种无意义的民主,因为孩子多半没有清晰的自我认识和合理选择的能力——体现在不清楚自己的长短处,甚至不知自己的喜爱,这也是无可厚非的。今天我坐在高三的教室里,我相信我身边至少有三分之一的同学对大学及专业还没有想法,处在"没有特别喜欢的都可以"的状态。再退一步讲,自主选择权是不应该全权给孩子的。因为自制力的缺失和爱玩的天性会使他们在一些无意义无营养的事情上耗费心神。

然而父母充当孩子成长道路上的强者主导又是否完全恰当呢？不尽然。北大考试研究院院长秦春华老师曾指出，能够满足家长关于孩子教育需求的教育就是好的教育。我不能苟同，我更倾向于父母坐在副驾驶座上，充当导航仪的作用。

其一，父母要有细心的观察和正确的判断。孩子不知道自己的喜好和天赋是正常的，父母应当有发掘的责任。这种发掘不是说把时下流行的早教班都报一遍，这倒倾向于变相野蛮而非发掘了。这里的观察、判断、发掘孩子兴趣或潜力的前提，应当是广泛的接触，而这些接触应当被包含于早期的游戏与日常相处中，比如对电视中音乐的辨识度，对色彩图画的异常敏感等。

其二，父母要克制自己的欲望和期盼。孩子不是父母完成未完成的梦想的寄托，更不是与同事同学攀比炫耀的工具。还记得某作家分享她女儿的故事，一个努力却平凡、永远只考22名的女孩，热爱编织，会照顾同龄小孩，只想在英雄骑马路过的时候，默默做一个在路边鼓掌的人。文章的最后，这位家长说，她为有这样一个女儿自豪。这也提醒了我们，父母或许不应该对孩子的成就有过多的欲望和期盼，对孩子来说最重要的是，在做题之前，要先学会做人。智商的差距是有限的，但是为人的差距却是无限的。如果那位家长没有看到生活中善良大度的女儿，也没有见到会照顾同龄小孩的女儿，又会不会因此自豪呢？

在强者主导的社会，建立一个非强者主导的家庭关系，家长的合理导航会培养出比做题机器和行动僵尸更优秀的理想人。

第十九讲　好辩善言

【语言积累】

1. (1)庄稼丰收、成熟　(2)种收庄稼　(3)点燃　(4)(病)好　(5)改变(6)丢弃，抛弃

2. (1)连词，表修饰　(2)介词，被　(3)副词，表强调　(4)结构助词，用于主谓之间，取消句子独立性

【梳理领悟】

1. 不矛盾。孟子阐述的角度不同，"劳心者治人，劳力者治于人"论述的是

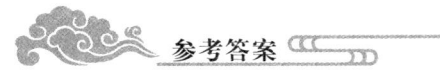

社会分工问题,"民贵君轻"是针对君主管理国家所要秉持仁爱的理念。

2. 孟子和夷子论辩的核心是葬制问题。有两个过程,前半部分主要侧重于薄葬厚葬的问题,后半部分侧重于薄葬厚葬的思想依据,即"爱有无差等"的问题。

【评析鉴赏】

1. 孟子主要分三层来论述:第一层侧重物质自然方面,写洪水猛兽危害人民,而"尧独忧之",故"虽欲耕,得乎";第二层侧重道德和社会管理方面,"饱食、暖衣、逸居而无教",因而"圣人有忧之",况且又要劳之、匡之、辅之,"使其自得而振德之",因此"圣人忧民如此,而暇耕乎";第三层侧重举贤和功德方面,"尧以不得舜为己忧,舜以不得禹、皋陶为己忧",说明圣人"岂无所用心,亦不用耕耳"。三个层次的论述中,都强调"忧",说明"大人之事"在于"劳心"。前两层尾句有反问,第三层用"耳"做语气词,显示出毋庸置疑的语气。整个论述结构紧凑,辩驳有力。

2. 孟子首先用爱侄子和爱邻居的孩子不相同以回应夷子的"爱无差等";然后阐释儒家"若保赤子"的主张,指出婴儿在地上爬行快要摔倒井里,这绝不是婴儿自己的罪过,而且,天生万物,只有一个根本,而夷子错误地认为是两个根本;接着孟子又以上古儿子掩埋死去的父母于情于理本有固然为例,来说明厚葬之礼是有合理性的。孟子既回击了夷子的观点,又引喻设譬,很好地阐发了自己学派的理论观点。

【探究表达】

1. 思考提示:针对陈相"贤者与民并耕而食,饔飧而治"的观点,孟子采取层层追问的方式,将陈相逼到悬崖上,陈相的"否,以粟易之"之言,让自己掉进了孟子的语言陷阱里。紧接着孟子指出陈相理论的内在矛盾,强调了随社会发展产品交换,出现社会分工的必然性,从而得出"劳心"与"劳力"分工的著名论断,这代表的是一种社会进步思想。为了这个"陷阱"的设置,孟子如一名高明的猎手,对于他所要捕获的猎物,早已成竹在胸,而且在难以驯服的猛兽的必经之路上巧设机关,布下陷阱,引其进入圈套,然后让猎物在圈套里摇尾乞降。

2. 附优秀例文

我与理

上海市崇明中学 刘姝婷

有人提出了"中国式辩论"这一概念,其含义为只注重姿态与声势从而演化为争吵的"伪辩论",的确有很强的讽刺意味。

诚然,我们在社会生活中也发现本该不带温度的辩论,人的情感一激发便成了争吵,形式上的包装远远大于且掩盖了它本该表达的内核:事实与逻辑。说是奇怪,但也不难推测其形成原因,互联网平台的衍生发展可以说是主要推手。因为在这个平台上多种价值观进行碰撞,渴望以理服人的欲望大大膨胀却因平台所限无法好好地摆事实讲道理,从而本该理性的分析文字成为焦急情感宣泄的窗口,也难怪嘲笑他人与攻击人品之类的冲动行为会一齐爆发,形成混乱局面。

由此可见,"中国式辩论"不是缺少逻辑,而是忽略逻辑,情感的膨胀将逻辑的比重大大压低。那又为何在伪辩论中如此忽略理性重视感性呢?想来要从辩论与争吵的核心与区别开始说起。

我想,争吵的目的是使他人屈服于自己,而辩论的目的却是使他人折服于道理。两者的差别十分明晰但在实际说理时易于混淆。"中国式辩论"可以说是主体在人而非理。的确,赢得了辩论能使人的自尊心膨胀,收获到自我满足的乐果,而伪辩论却错把这个以理相争胜利后的附属品当作目的来争取,并且采用侮辱等方式来击溃对方防线,走"捷径"到达目的。这时,我们看重的不再是道理的对错,倒像是一种对自身尊严的维护。

摆正辩论中人与理的从属关系才是彻底根除"中国式辩论"的谬误的有效手段。辩论中,人是理的附庸,人的理性思考应是阐明道理的"工具"。虽说并不能彻底把人的情感从理的论述中剔除且也无须完全消除,但我们要在说理时尽可能注重理与理、事实与事实的相互交融碰撞。更何况,生活中的辩论也并不意味着二元的非对即错,道理间更无须必然分个高下,这一相互的补充与融合更是当理作为人的附庸后的争吵所不能带来的。博采众长、再逐渐臻于完美的过程,方是理的正确完善方式。

我与理,我在先为争吵,理在前为辩论,两者博弈的过程,也未尝不可理解为小我的牺牲以致境界的提升。

第二十讲　亚圣品格

【语言积累】

1. (1)超过　(2)最终　(3)认为……好,满意　(4)给……带头,在……之

前　(5)的确,确实

2.(1)代词,什么　(2)介词,根据,依据　(3)代词,指代三年之丧

【梳理领悟】

1. 在孟子看来,人的背后有一种力量在支持或阻止他做某种事情。做与不做不是人力所能决定的。他没能和鲁平公相见,完全是出于天意,并不是臧仓阻止的。孟子的解释也也许是出于一种无奈,但这正体现了他胸襟的旷达和心态的平和。

2. 孟子建议太子为滕定公举行三年丧礼,说明孟子对孝道的重视,对儒家传统的重视;孟子有意识地培养太子有胆有识的政治品质,说明孟子是个有胆有识有方的人,有识是能认准正确,有胆就是也能坚持正确,有方就是找准实施方法。

【评析鉴赏】

1. 鲁平公在没有见到孟子的时候,就因为近臣的一个建议,不假思索地放弃了自己原先的打算和想法,由此可以看出,鲁平公是个缺乏主见的人。另一方面,鲁平公没有详细考察近臣的建议是不是正确的,就信以为真,并一本正经地当成自己不见孟子的理由,由此可见,鲁平公是个偏听偏信的人。文章通过简短的对话,将鲁平公的形象刻画得丰满生动。

2. 孟子引用《论语》中的话,说明统治者的兴趣、爱好、习惯等,对下属人员有很大影响,意在告诫国君要在德行方面做好全国百姓的表率。孟子的话对当下执政者如何以身作则引领时代风范、建设和谐社会有借鉴意义和启示意义。

【探究表达】

1. 历代名人对孟子及《孟子》一书的评价举隅:

余读孟子书,至梁惠王问"何以利吾国",未尝不废书而叹也。曰:嗟乎,利诚乱之始也! 夫子罕言利者,常防其源也。故曰:"放于利而行,多怨。"自天子至于庶人,好利之弊,何以异哉!

——【西汉】司马迁

著书七篇……包罗天地,揆叙万类,仁义道德,性命祸福,粲然靡所不载。帝王公侯遵之,则可以致隆平,颂清庙;卿大夫士蹈之,则可以尊君父,立忠信;守志厉操者仪之,则可以崇高节,抗浮云。有风人之托物,二雅之正言,可谓直而不倨,曲而不屈,命世亚圣之大才者也。

——【东汉】赵歧

尧以是传之舜,舜以是传之禹,禹以是传之汤,汤以是传之文、武、周公,文、武、周公传之孔子,孔子传之孟轲。轲之死,不得其传焉。

——【唐】韩愈

孟轲氏没,圣学失传,天下之士,背本趋末。

——【南宋】朱熹

惟子舆氏,距诐放淫,以承先圣,以正人心。述舜称尧,私淑孔子。正学修明,百世以俟……我读其书,曰仁曰义,遗泽未湮,闻风可企。岳岳亚圣,岩岩泰山,功迈禹稷,德参孔颜。

——【清】爱新觉罗·玄烨

2. 附优秀例文

认识错误,拯救自我

上海市崇明中学　张　驰

"认识错误是拯救自己的第一步。"然而,如果我们过于爽快地承认错误,就可能使自己发觉不了我们非常接近于正确。

诚然,认识错误是一个过程,它既包括承认错误,在理论上又包括检讨、反思错误。然而,如果我们承认错误的过程过于决绝与爽快,则极有可能下意识地认为承认错误的过程即为认识错误的完成,缺乏了认识错误的必要步骤——检讨与反思,当然就会与"正确"千里相隔。因此我们需要理性地承认错误,谨慎地反思、检讨错误,从而全面地认识错误。

理性地承认错误即避免过于爽快地承认错误,不一口咬定自己犯了错而逃脱对于良心的谴责与内心的自我改良,不走认错的形式主义路线。理性地、不过于激进地面对自身的错失会自然地引出对于错误的前因后果的分析,更有助于对错误的检讨与反思,从而与正确缩短距离。

杨绛有言:"人生要向前看看,再向后看看,才能走得更远。"理固宜然。我们需要"向前看看"从而认清改正错误的正确方向,也需要"向后看看"从而回顾与检讨错误,总结经验教训作为改正错误的动力。因此,对自身错误的检讨与反思显得尤为重要。它不仅使我们完成了认识错误的过程,更为改正错误、走向正确

打下基础,并且是个人理性精神的集中体现。

正如卡尔·波普尔所指出的那样,当代人往往过于爽快地承认错误,从而忽视了对错误的反思。愚以为这是受限于对于错误认识的定式思维,我们常常下意识地将认识错误与承认错误画等号,并轻易地认为承认错误便标志着此类事件告一段落,从而自己为由实践到犯错的思想过程画上终止符,因而人为地改变了应有的认知过程,将对于错误的意识与思想程序主观简化。与此同时,承认错误过于爽快的结果往往是可见的,因为他人与社会会因此为我们贴上"勇于认错"的光荣标签,而我们自己也无法或难以认识到曾与正确咫尺相隔。

如今的我们对于承认错误似乎越来越爽快,而反思错误却越来越受忽视,因此我们对于错误的认识循环常常是缺失的。"知错能改,善莫大焉"。而知错不能改,往往是无效的。

勇于承认、反思错误,从而全面地认识错误,方能拯救自我!